中国原始型创新与超常型知识的治理体制改革

方竹兰 著

本成果受到中国人民大学"统筹支持一流大学和一流学科建设"
经费的支持

科学出版社
北 京

内 容 简 介

本书揭示中国从模仿引进型创新进入原始颠覆型创新的动态进程，以原始颠覆型创新的核心资源——超常型默示知识的应用为主线，从教育、人事、金融、社会组织、政府职能、文化理念等多个维度探索中国超常型知识治理体制的改革，同时也记录了国内许多学者研究中国原始型创新的观点，努力推动创新研究的中国学派的形成。

本书既适合创新经济理论的研究者阅读，也适合创新经济实践的探索者分享。

图书在版编目（CIP）数据

中国原始型创新与超常型知识的治理体制改革 / 方竹兰著. —北京：科学出版社，2019.6

ISBN 978-7-03-061333-2

Ⅰ.①中… Ⅱ.①方… Ⅲ.①国家创新系统–研究–中国 Ⅳ.①F204②G322.0

中国版本图书馆 CIP 数据核字（2019）第 107570 号

责任编辑：马　跃　李　嘉 / 责任校对：王丹妮
责任印制：张　伟 / 封面设计：正典设计

科 学 出 版 社 出版
北京东黄城根北街 16 号
邮政编码：100717
http://www.sciencep.com

北京建宏印刷有限公司 印刷
科学出版社发行　各地新华书店经销

*

2019 年 6 月第 一 版　开本：720×1000　B5
2020 年 10 月第二次印刷　印张：10
字数：201 000

定价：82.00 元
（如有印装质量问题，我社负责调换）

前　　言

　　本书的写作源于笔者十年前在美国斯坦福大学以及硅谷的经历。2008 年，正值美国爆发金融危机，我作为访问学者在斯坦福大学访学，亲眼看到美国金融危机的发生，但是让我震撼的是硅谷的科技创新、产业创新给予美国经济复苏的可持续支撑作用。原始颠覆型创新并不是简单的产品创新、市场创新，甚至不是单独的科技创新、产业创新，而是所有这些创新被贯穿起来，构成动态过程的组织、制度、机制、文化理念。作为一名中国学者，我意识到自己的责任，就是揭示出原始颠覆型创新的内在流程及内隐规律，以服务于中国原始颠覆型创新能力的生成。

　　在写作过程中，我逐步了解到很多学者都正在致力于中国原始颠覆型创新理论与实践的研究。在本书中多有借鉴：于畅博士关于创新效果评价的指标体系研究；张蕾博士尝试把原始型创新过程与知识资源的应用相连；王琨博士努力构建超常型劳动与经济增长关系的计量模型；国务院研究中心刘培林研究员的关于企业家与创新者的自我发现过程，以及有利于企业家和创新者自我发现的制度设计研究；中国科学技术发展战略研究院李研博士的科技创新与社会治理组织关系研究；中关村巨加值科技评价研究所的何小敏研究员关于科技成果转化价值评估模型的研究；中国科学院现代化研究中心主任何传启研究员关于创新劳动价值形成模型的研究；周友刚博士关于原始型创新与资金支持体系关系的研究等。在此向各位长期致力于中国创新经济研究的学者表示感谢！也许，就在我们艰苦的探索中，中国创新经济学流派正在形成。

　　十年来，除每年招收博士生、硕士生研究创新经济外，我还坚持开设创新经济研究的本科生、硕士生、博士生的选修课，学生人数很多，为此结交了很多致力创新经济研究的学生朋友。学生的讨论与质疑不断深化我的研究，与其说我是学生的老师，不如说教学相长，学生也是我的老师！在此特别要感谢我的博士生于畅、陈伟、叶佳笛、段琪斐帮助我多次修改和完善书中的图表和数据，并提出了精确的修改意见。

　　中国正在从模仿引进向原始颠覆型创新过渡，需要持之以恒的研究，欢迎更多的学者一起加入中国创新经济学流派的创建过程！十年努力写成的小书，并不令自己满意，离中国创新经济学流派的建立还很远，很多问题还没有思考成熟，很多观点还只是想法。但希望本书的出版能先阶段性地鼓励一下自己的努力，同时也能起到抛砖引玉之效！

非常感谢科学出版社出版此书，从本书题目的修改完善，到排版、编辑、校对，各位老师倾注了大量心血，一丝不苟，精益求精，使我深受感动！在此真诚感谢每一位辛勤劳动的工作人员。

目　　录

绪论 ··· 1

第一章　原始颠覆型创新流程与中国的逆创新 ···························· 15
　　第一节　全球原始颠覆型创新的基本流程 ··························· 15
　　第二节　中国的逆创新及创新阶段的推进 ··························· 24

第二章　原始颠覆型创新与超常型知识的功能 ························· 30
　　第一节　直觉突破式创新与超常型默示知识 ······················ 30
　　第二节　原始颠覆型创新中的知识动态组合 ······················ 36
　　第三节　原始颠覆型创新过程中的知识流动与经济效益的形成关系 ··· 47

第三章　原始颠覆型创新与中国教育制度的改革 ····················· 62
　　第一节　教育培养的原始颠覆型创新主体的基本素质 ············ 62
　　第二节　教育适应原始颠覆型创新的改革路径 ···················· 66

第四章　原始颠覆型创新与社会组织网络 ······························· 77
　　第一节　超常型人才的自我开发通过自组织实现 ················· 77
　　第二节　原始颠覆型创新组织的区域集聚生态 ···················· 85
　　第三节　原始颠覆型创新组织的动态递进 ··························· 89
　　第四节　创新型自治组织生成社会资本 ····························· 91

第五章　原始颠覆型创新与人事制度改革 ······························· 98
　　第一节　原始颠覆型创新各阶段的人力资本分布 ················· 98
　　第二节　超常型知识与常规型知识的综合管理 ··················· 105

第六章　原始颠覆型创新与金融制度改革 ······························· 109
　　第一节　人力资本信用为本的担保机制 ···························· 109
　　第二节　不同阶段原始颠覆型创新的金融支持 ··················· 112

第七章　原始颠覆型创新中的政府作用·······················118

　　第一节　政府保护所有创新主体的权利·················118

　　第二节　原始颠覆型创新中的政府公共服务···········124

第八章　原始颠覆型创新的文化创新·······················134

　　第一节　中国知识概念的反思和新型知识概念的构建·····134

　　第二节　在超常型知识认知的基础上，确立人力资本本位概念···········136

　　第三节　原始颠覆型创新需要中国人的人格现代化··············143

参考文献······························150

绪　　论

　　进入 21 世纪的第二个十年，中国正在推进深化创新驱动经济发展的国家战略，创新已经成为中国下一阶段发展的主线。大众创业、万众创新，推动产业结构调整和经济发展模式的转型，需要我们从引进模仿型创新升华为原始颠覆型创新。实现这个目标无疑是中国现代化发展史上最艰难，也是最关键的惊险一跳。这一关键的惊险一跳无疑能够避免中国进入中等收入陷阱，跃入世界最前沿的原始颠覆型创新国家行列。

　　美国是当今世界典型的原始颠覆型创新国家，中国要跃入世界最前沿的原始颠覆型创新国家行列，需要在向美国学习的基础上赶上甚至超过美国。当2008年世界金融危机发生的时候，国内不少人曾经比较当时的中美经济现状，认为中国超越美国成为世界强国的历史机遇已经来到了，金融危机使美国陷入了严重衰退，而中国不仅没有银行倒闭，反而还有充足的外汇储备，中国比美国强得多。现在看来这样的认识来源于表面现象的分析，对中国进一步的改革发展非常不利。在表象背后，中国与美国有着许多方面的不同特点，我们需要认清这些特点，脚踏实地地解决中国的特殊问题，这样才能充分利用历史给予的机遇，加速中国的发展。虽然随着发展与改革中国崛起已经是不争的事实，但是从目前的发展现状看，中国成为世界强国的历史挑战比历史机遇更明显。中国有中国的问题，美国有美国的问题，两国各自面临的问题并不一样。

　　第一，中国国际竞争力的发展与美国不在一个等级，美国处在原始颠覆型创新阶段，中国只是处在引进模仿型创新阶段，不能高估自己的国际竞争力。美国出现了金融危机不假，但是从美国硅谷等高新技术产业发展现状和未来发展潜力看，金融危机不会动摇美国的原始颠覆型创新能力的根基。如果我们以为美国的金融危机会使美国原始颠覆型创新能力严重削弱就错了。反观中国，危机之前我们的原始颠覆型创新能力不强是个显著的事实，危机导致引进模仿型经济的出口受到严重抑制，迫使我们调整产业结构，进行自主创新。中国产业结构升级、经济发展模式转型面临巨大挑战。同时，金融危机也为我们提供了赶超美国的时间，我们应加速改革阻碍原始颠覆型创新的原有体制机制，如果体制机制改革迟缓，就有可能使我们不能充分利用这次时间差培育原始颠覆型创新能力，失去一次极好的历史机遇。

第二，中国社会投资及消费的发展与美国也不在同一等级。美国金融危机发生时，大批银行倒闭，政府债务缠身，而中国银行相对稳定，政府拥有大量外汇和财政资金。但是，我们要看到，我国的财政金融体系无论是在鼓励社会民众创新创业还是在鼓励消费上，都缺乏成熟的机制；金融支持重点是大中型国有企业，支持中小型企业运作和激励民众消费的财政金融手段都有所欠缺。相对充足的资金和外汇还没有找到通畅的渠道和有效的模式转化为民众的创新创业与消费，在国家外汇储备以及财政信贷资金与人民群众的创业和消费之间，存在一定程度的体制机制障碍。如何创造有效的制度通道，促进社会民众投资、消费，目前还是一个有待解决的课题。

第三，中国金融体系与美国金融体系的角色不一样。美国金融体系的竞争程度比较高，风险投资和资本市场成熟，金融衍生品发达，但对经济的影响是双刃剑：一方面，这有利于金融机构对知识经济、自主创新的支持，使美国成为当今世界上货币资本和人力资本结合最迅速、最及时的国家；另一方面，美国金融机构开创的虚拟经济在一定程度上与实体经济相分离，金融投机过于活跃，反而可能影响经济安全，拖累实体经济。而中国金融体系的竞争程度还不够高，风险投资和资本市场还处在发育阶段。目前，中国的金融创新及金融改革需要根据中国实体经济发展的需要把握分寸，不能照搬国际大金融机构的已有做法，而要考虑中国经济发展的特点和需要，着眼人民群众的根本利益，强化人民群众对于金融体制改革和金融创新的知情权、决策权和监督权。

第四，中国制造业在全球排名与美国还有很大距离。工业与信息化部部长苗圩生动地归纳[1]，当今全球制造业基本形成四级梯队发展格局：第一梯队是以美国为主导的全球科技创新中心；第二梯队是高端制造领域，包括欧盟、日本；第三梯队是中低端制造领域，主要是一些新兴国家，包括中国；第四梯队主要是资源输出国，包括OPEC（石油输出国组织）以及非洲、南美洲等区域的国家。

迄今为止，美国的大学汇集了全球70%以上的诺贝尔奖获得者。在全球最顶尖的20所大学中，按科学贡献度计算，美国占了17所（清华大学大约排名在600名左右）。从麻省理工学院到加利福尼亚州理工学院，美国培养了全世界最好的工程师和最顶尖的科学家。全球十大科技顶尖公司，美国占据了八家——其中英特尔向全世界提供芯片，微软公司和甲骨文公司占据了软件业的基础市场（从百度到腾讯到中国各个政府部门，都在使用甲骨文提供的数据库软件和技术）。美国拥有全球最顶尖的实验室，在军工领域、航空航天领域、医学技术领域、信息

---

① 刘育英. 中国工信部部长：中国制造处于全球制造第三梯队. http://www.chinanews.com/cj/2015/11-18/7630207. shtml，2015-11-18.

科学领域……美国以无可匹敌的实力和压倒性的技术优势雄居世界之首。而中国的科学研究、教育、企业结构与产业结构的发展总体还处在转型升级的过程中。

第五，中国政府与美国政府在当前历史阶段的作用不一样。美国是崇尚私有产权的国家，信奉私人利益的追求会自然而然地促进社会利益的形成。美国的金融危机深刻地反映美国经济价值观的文化困境，美国政府需要吸取教训，寻找市场主体自主治理、政府的科学调节加上民众的广泛监督相结合的市场经济新秩序；中国正处在传统计划经济体制向市场经济体制转轨的过程中，还需要加快体制转轨的速度。在这个过程中，一方面，政府本身需要转型成为法治政府、服务型政府、责任政府、廉洁高效政府；另一方面，政府又要尽早看到过度推崇经济人假设导致社会利益破坏的可能性，积极承担监管的责任，并支持市场主体与社会组织自治，动员社会民众参与监管。尤其不要把美国已经证明不好的东西还吸收进来当成经典学习，盲目地与国际惯例接轨。

综上所述，中国目前缺乏原始颠覆型创新能力是显著的现实。中国缺乏原始颠覆型创新能力的根源在哪里？如何通过清除阻碍原始颠覆型创新的要素，在尽可能短的时间内形成中国的原始颠覆型创新能力，进入世界创新强国的行列，这是研究中国创新经济的学者当前思考最多的问题。有不少人认为，中国原始颠覆型创新能力的不足完全是资金投入不足的问题，以为只要增加货币资本的投入，中国的原始颠覆型创新能力就会自然形成，其实这是一个错觉，原始颠覆型创新根源于创新型人力资本而不是货币资本。我们只要对中国改革开放以来的货币资本投入与原始颠覆型创新成果做一个数据分析，就可以印证这个判断。伴随着中国改革开放开始的引进模仿型创新，开始起步的创新是比较匆忙的，没来得及对原始颠覆型创新的内在规律和机制有一个清晰的认知，投入虽然很高，但是产生的原始颠覆型创新成果并不多，这需要我们深入思考个中根源。

从20世纪90年代开始，中央政府各部门在基础研究领域设立的项目日益繁多：有科技部的973计划、星火计划、火炬计划，国家自然科学基金委员会的科学基金，中国科学院的知识创新工程，教育部的211工程和985工程及2011工程等。数据显示[①]，继2012年我国R&D（研究与试验发展）经费总量突破万亿元大关后，2013年全国共投入R&D经费11 846.6亿元，比上年增加1 548.2亿元，增长15%；R&D经费投入强度首次突破2%，达2.08%，比上年的1.98%提高了0.1个百分点。2016年中国R&D经费内部支出为1.75万亿元，占GDP的比重约为2.12%[②]，已经超过欧盟国家的平均水平（2.03%）和加拿大（1.61%）、英国（1.69%）、荷兰（2.03%）等发

---

① 国家统计局，科学技术部，财政部. 2013年全国科技经费投入公报. http://www.stats.gov.cn/tjsj/tjgb/rdpcgb/qgkjjftrtjgb/201410/t20141023_628330.html628330.html，2014-10-23.

② 此数据为国家统计局公布的初步核算数据。

达国家，与美国（2.74%）、德国（2.94%）、日本（3.15%）等发达国家的差距不断缩小[①]，图 0-1 反映了中国 R&D 经费支出强度快速追赶发达国家的情况。

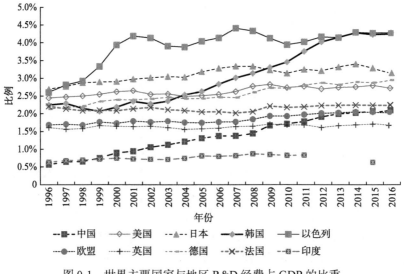

图 0-1　世界主要国家与地区 R&D 经费占 GDP 的比重
资料来源：世界银行数据库

2012 年以来我国政府对科技创新的公共投入进一步增加，2017 年国家财政科技拨款 8 383.6 亿元，占到公共财政支出的 4.13%[②]。从财政科技投入角度看，政府对创新活动的支持力度非常大[③]。图 0-2 为近年来国家财政科技拨款增长情况。

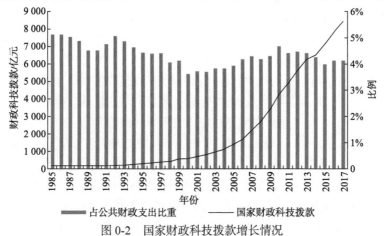

图 0-2　国家财政科技拨款增长情况
资料来源：2017 年中国科技统计年鉴，2017 年数据来自国家统计局网站，世界银行数据库仅更新至 2016 年

---

① 以上数据来自世界银行数据库，为 2016 年数据。
② 资料来源于国家统计局网站。
③ 方竹兰，于畅. 论中国原始型创新的流程及治理机制. 首都师范大学学报（社会科学版），2017，（4）：38-49.

在科研投入增长的同时，原始型创新的科研产出有所增加，但是并没有同比例增长，表 0-1 对主要创新型国家的科研投入与产出进行了比较。

表 0-1　主要创新型国家科研投入与产出比较

类别	项目	中国	美国	日本	德国
投入数量	研发经费总支出（2016 年/亿美元）	2 380	5 110	1 560	1 020
	研究人员总数量（2016 年/万名）	169	135	66	39
	大学数量（2016 年/所）	2 880	3 020	790	410
产出质量	PCT 专利[①]数量（2017 年/万件）	4.89	5.66	4.82	1.90
	平均每篇 ESI 论文被引用次数（2005~2015 年/次）	8.55	17.12	11.64	15.57
	发表 ESI 论文数量（2005~2015 年/万篇）	174.3	368.7	80.8	96.8

资料来源：McKinsey Global Institute、OECD 数据库、世界知识产权组织数据库

从创新投入的成果看，增加货币资本的投入，最显著的成效是中国的专利申请量有了快速的增长，这几年中国专利申请数量的增长速度确实处于国际前列。但是我们看到伴随专利申请数量增长的同时，作为更能反映专利质量的专利授权量的增长并不如意。在我们大量的专利申请量中，占大比例的仍然是外观设计和实用新型专利，而不是发明专利，根据《2012 年中国有效专利年度报告》，中国实用新型和外观设计专利各占国内有效专利总量的 49.5% 和 36.6%。实用新型专利又称小发明或小专利，对创造性的要求不高，在中国专利系统中属于低质量专利。据国家知识产权局发布的数据，2014 年我国共受理发明专利、实用新型和外观设计申请 236.1 万件，其中发明专利 92.8 万件，同比增长 12.5%，申请量连续四年居世界第一。代表较高专利质量指标、体现专利技术和市场价值的国内（不含港澳台）有效发明专利拥有量共计 70.9 万件，占全部有效专利总量的 25%[②]。与国外发达国家相比差距很大，中国专利的含金量有些名不副实，有效专利中"高质量"的发明专利只占四分之一左右。同时中国向美国、日本和欧洲的三家专利局提出申请的专利数量仅仅是美、日、德三国的零头。各种计划项目基金的投资，最后所孕育的原始型创新成果产出还不够显著[③]。国外有效专利则是以发明专利为主，占国外有效专利总量的 78.6%，而外观设计和实用新型专利仅占 19.3% 和 2.1%。特别是在一些高技术领域，国外拥有的发明专利为国内的数倍。图 0-3 为 2014 年底国内外三种专利有效数的构成，由此可以看出中国在专利结构

① 专利合作协定（Patent Cooperation Treaty，PCT）是专利领域的一项重大国际合作条约。通过 PCT，申请人只需提交一份"国际"专利申请（而不是分别提交多个不同国家或地区的专利申请），即可请求在为数众多的成员国中同时对其发明进行专利保护。

② 数据来自 2015 年中国科技统计年鉴.

③ 刘琼. 中国发明专利比重低 教育大国原始创新能力匮乏. 第一财经日报，2012-09-21.

方面与其他国家的差距。

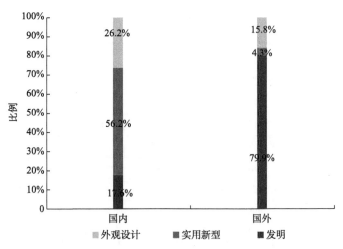

图 0-3　2014 年底国内外三种专利有效数的构成

资料来源：国家知识产权局、2015 年中国科技统计年鉴

更为直观的一个比较是，在 PCT 专利申请大国中，中国专利的产出效率与创新强国相比还有很大的差距。图 0-4 是 2014 年主要国家每 1 亿美元国内 R&D 总支出（gross domestic expenditure on R&D，GERD）[①]对应的 PCT 专利申请量。中国 1 亿美元 R&D 支出平均产生 6.9 件 PCT 专利申请，高于俄罗斯、土耳其和南非等发展中国家，但低于所有的 OECD（经济合作与发展组织）国家。

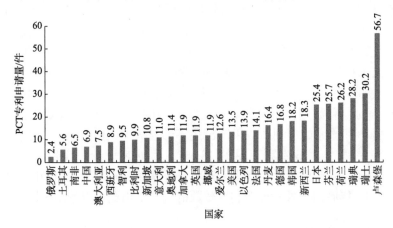

图 0-4　2014 年主要国家每 1 亿美元 R&D 支出对应的 PCT 专利申请量

该 R&D 支出为经过购买力单价（purchasing power parity，PPP）换算的现价美元支出

资料来源：根据 OECD 数据库和世界知识产权组织公开数据计算

---

① GERD 为国内所有部门的 R&D 总支出，包括企业、高等学校、政府研究机构和私人非营利组织等。

　　从人力资本的原始型创新能力看，尽管中国科技人才资源总量和 R&D 人员数量已经居世界前列，但总体看来，高层次创新人才极度匮乏，能跻身世界前列的前沿科学家还比较少，科技人才的原始创新能力相对比较薄弱。随着高校扩招，中国博士研究生的数量年年攀升，2008 年中国授予的博士学位就已经超过了美国，2013 年仅科学与工程学就颁发了 28 700 个博士学位，这些博士研究生组成了规模庞大的研究人员队伍。中国科研在论文发表和专利申请数量上也早已达到了世界数一数二的水平，但有量无质的问题同样没有解决，平均每篇论文被引用次数和与国外学术人员的合作发表论文数都只有美、日等国的一半左右。

　　我国财政科技投入的典型特征是，由政府科技行政管理机构（如科技部、教育部等）掌握财政资金，通过计划、工程、专项等形式，下拨到具有行政隶属关系的科技活动实施主体。这些实施主体包括研究与开发机构、高等学校、企业等。绝大多数财政资金流入"官办"机构，私营部门很难得到直接的科技投入。2014 年 R&D 经费中来源于政府资金的部分为 2 636.1 亿元，其中 1 581 亿元分配给了研究与开发机构，563.5 亿元分配给了高等学校，合计超过政府资金的 80%（图 0-5）。

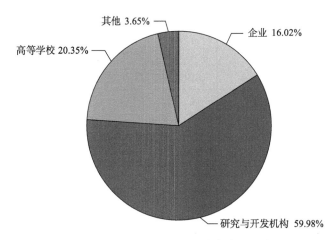

其他 3.65%　企业 16.02%　高等学校 20.35%　研究与开发机构 59.98%

图 0-5　2014 年 R&D 经费中政府资金的分配

资料来源：2015 年中国科技统计年鉴

　　目前科技管理中广泛使用"项目"的形式，项目的规划、申报、审批和评价都是由科技行政主管部门牵头的。从 20 世纪 90 年代开始，中央政府各部门在基础研究领域设立的项目繁多：有科技部的 973 计划，国家自然科学基金委员会的科学基金，中国科学院的知识创新工程，教育部的 211 工程、985 工程及 2011 工程等。这些重点项目优先得到科技财政投入。表 0-2 对国家主要科技计划财政资金投入情况进行了整理。

表 0-2　国家主要科技计划财政资金投入情况　　　　　单位：万元

项目	2010 年	2011 年	2012 年	2013 年	2014 年
863 计划	511 500	511 500	551 500	520 263	515 265
基础研究计划					
国家自然科学基金	1 038 109	1 404 343	1 700 000	1 616 241	1 940 284
国家重点基础研究发展计划（973 计划）	271 813	309 244	267 819	282 810	299 013
国家重大科学研究计划	128 187	140 755	132 181	122 710	135 517
科技支撑计划	500 000	550 000	642 555	612 553	651 080
科技基础条件建设					
科技基础条件平台专项		24 600	26 500	27 400	27 400
国家重点实验室建设计划	275 922	296 081	337 768	289 089	304 500
国家工程技术研发中心	10 500	19 500	10 500	9 893	9 893
科技基础性工作专项	15 515	18 350	22 506	23 937	18 000
星火计划	20 000	30 000	20 000	18 785	18 915
火炬计划	22 000	32 000	22 000	20 735	20 735
国家重点新产品计划	20 000	29 850	20 000	18 710	18 610
科技型中小企业技术创新基金	429 709	463 999	511 385	512 105	
国际科技合作与交流专项经费					138 000
科研院所技术开发专项	25 000	25 000	30 000	30 000	30 000

资料来源：根据 2015 年中国科技统计年鉴整理

　　目前我国尚缺乏科技财政投入的绩效评价机制，对投入成果缺乏定量的认知。这与我国科技管理中"重投入、轻管理、重立项、轻成果"的倾向有关。很多项目在完成验收后便被抛在一边，未产生经济社会价值。因此，对财政科技投入进行绩效评价是非常必要的，能够通过定量分析发现管理中的问题。

　　数据包络分析（data envelopment analysis，DEA）是评价投入产出决策单元相对效率的方法，已成为测度绩效和系统分析的最为实用的工具之一。采用DEA 方法对我国财政科技投入的相对绩效进行评价，由于用于 R&D 经费中的政府资金主要流向研究与开发机构和高等学校，因此仅对这两个部门的绩效进行评估。

　　决策单元集合选择 PCT 体系中的专利申请大国。PCT 体系现有成员国 148个，是国际公认的专利申请合作协约体系，以 PCT 专利的申请量作为产出评价标准，避免了各国专利授权标准不一带来的可比性较差的问题。根据数据的可得性，选取由部门执行的 R&D 支出和部门 R&D 人员全时当量作为科技创新的投入指标，选取 PCT 专利申请数量作为科技创新的产出指标，如表 0-3 所示。

表 0-3　科技创新绩效评价指标选取

一级指标	二级指标	用途
投入	由部门执行的 R&D 支出	衡量经费支出方面的投入
	部门 R&D 人员全时当量	衡量研发人员方面的投入
产出	PCT 专利申请数量	衡量科技创新活动的产出总量

表 0-4 和表 0-5 分别给出了高等学校和政府研究与开发机构两类部门的相对创新绩效，该国际比较基于 2014 年的数据。结果与图 0-3 中反映的情况基本一致，中国两类部门的创新绩效（根据综合效率排序）都高于俄罗斯、土耳其和南非三国，但低于其他发达国家。各国创新绩效差别很大，韩国的高等学校综合创新绩效最高，瑞士的政府研究与开发机构综合创新绩效最高，俄罗斯两类部门的综合创新绩效均最差[1]。总体来看，我国财政 R&D 经费主要流向的两类公共部门的创新绩效还有待提高，在数量上追赶发达国家的同时，还要实现质量和效率的赶超。此外，这个绩效评价结果也反映出我国高等学校和政府研究与开发机构的研究成果缺乏产业转化，未能充分形成发明专利并应用到生产活动中去[2]。

表 0-4　高等学校相对创新绩效的国际比较

国家	综合效率	纯技术效率	规模效率
俄罗斯	0.015	0.016	0.989
土耳其	0.032	0.032	0.999
南非	0.074	0.162	0.456
中国	0.077	0.085	0.909
意大利	0.102	0.105	0.966
奥地利	0.102	0.146	0.701
加拿大	0.110	0.136	0.807
比利时	0.117	0.120	0.972
澳大利亚	0.122	0.126	0.968
法国	0.131	0.211	0.623
西班牙	0.147	0.156	0.942
荷兰	0.163	0.165	0.985

[1] 卢森堡等国的纯技术效率很高，但投入规模过小降低了其规模效率，导致其综合效率并不突出。
[2] 以 PCT 专利申请数量作为产出衡量标准更加注重应用研究和实验开发，在一定程度上忽略了基础研究，这是本书绩效评价的缺陷。

续表

国家	综合效率	纯技术效率	规模效率
卢森堡	0.180	1.000	0.180
瑞典	0.208	0.212	0.982
英国	0.237	0.348	0.682
日本	0.238	0.479	0.496
丹麦	0.258	0.266	0.972
瑞士	0.259	0.264	0.981
德国	0.280	0.281	0.997
芬兰	0.294	0.309	0.950
新西兰	0.329	0.396	0.831
新加坡	0.383	0.393	0.974
爱尔兰	0.444	0.507	0.875
挪威	0.458	0.481	0.952
以色列	0.526	0.559	0.941
美国	0.629	1.000	0.629
韩国	1.000	1.000	1.000

资料来源：原始数据来源于 OECD 数据库和世界知识产权组织数据库

表 0-5   政府研究与开发机构相对创新绩效的国际比较

国家	综合效率	纯技术效率	规模效率
俄罗斯	0.001	0.006	0.259
土耳其	0.014	0.020	0.688
南非	0.025	0.038	0.655
中国	0.030	0.037	0.815
意大利	0.050	0.089	0.558
澳大利亚	0.057	0.067	0.853
挪威	0.059	1.000	0.059
法国	0.062	0.140	0.439
新西兰	0.082	0.117	0.703
英国	0.085	0.178	0.478
加拿大	0.092	0.186	0.495
卢森堡	0.101	0.540	0.187
奥地利	0.105	0.128	0.825
西班牙	0.106	0.236	0.446
德国	0.111	0.513	0.216
爱尔兰	0.111	0.123	0.905
芬兰	0.113	0.167	0.676

续表

国家	综合效率	纯技术效率	规模效率
日本	0.138	0.431	0.320
美国	0.141	0.741	0.190
比利时	0.167	0.250	0.668
丹麦	0.178	0.212	0.839
荷兰	0.190	0.365	0.520
以色列	0.256	0.293	0.873
韩国	0.348	0.885	0.393
瑞典	0.415	1.000	0.415
新加坡	1.000	1.000	1.000
瑞士	1.000	1.000	1.000

资料来源：原始数据来源于 OECD 数据库和世界知识产权组织数据库

从发明专利的产业化、市场化角度看中国专利的使用效果，专利转化率低，2011 年美国等发达国家为 80% 左右，而中国专利产业化率仅为 5% 左右[①]。2012 年底，汤姆森路透集团基于专利申请的数量、专利申请的成功率、专利的全球覆盖范围以及专利的影响力等专利数据公布的"2012 全球创新企业百强"榜，共 47 家美国企业、32 家亚洲企业、21 家欧洲企业上榜，中国大陆公司无一上榜，这与我国专利大国的身份极不相称。基数大、转化率低、数量庞大的专利，专利价值却普遍不高[②]。所以尽管我国拥有如此庞大的专利申请量，但绝大多数停留在概念里，并未转化为实际生产力。科技部火炬中心技术市场发展咨询专家林耕称[③]，在全国 22 万个项目合同里，只有 2 571 个是专利转让合同。如果把专利授权数作为分母，那么专利转让实施率则仅有 0.41%。

科技研发投入产出的效率还可以从发明专利在各个行业领域的比例中考察，美国在金融危机三年之后又逐步凭借科技创新的能力复苏繁荣，以硅谷为例，2012 年，硅谷专利注册数为 15 057 项，比 2011 年增长了 11%。计算机、数据处理及信息存储行业的专利所占比例最大，占硅谷专利总数的 39%。通信行业的专利注册量在过去一年里涨幅最大，而化学和有机材料行业的专利注册量跌幅最大。风险投资尤其青睐生物技术、清洁技术行业。2013 年前三季度的数据显示，硅谷占全美风险投资总额的比例保持在 28% 左右。按行业分布来看，软件业继续稳步上升，占风险投资总额的 44%。生物技术、清洁技术行业有较大幅度的增加，而太阳能方面同比下跌 74%。硅谷更令人神往的不是上述数据，而是不断产

---

① 杜黎明. 关于促进专利产业化的提案. 中国科技产业，2012，（3）：51.
② 简红江，刘仲林. 专利制度下中日发明创造观的差异比较. 科技管理研究，2012，（23）：250-254, 258.
③ 毛振华.（前瞻"十三五"）"专利大国"遭遇"专利之痛". 国际先驱导报，2015-07-20.

生的伟大的公司。美国前 100 强公司，硅谷占了 40%，HP、Intel、Apple、Oracle、Sun、Cisco、Yahoo、Google、Facebook、Twitter、Genentech、Tesla，这些公司都具有一个共同的特点，它们是基于科技创新成功的创业公司。这些公司不仅自己取得了商业上的巨大成功，还极大地推进了世界的进步，改变了人类的工作和生活[1]。

而中国发明专利的行业代表性和产业竞争能力还比较弱。在一些前沿性关键高技术领域，特别是在体现国家原始颠覆型创新力的关键技术领域，体现基础性、原创性的发明专利仍然比较少，发明专利的技术含量、复杂程度还比较低。汤森路透评选出的《2015 全球创新企业百强》榜单仍然没有中国大陆企业的身影，全球各国（地区）入围数量依次为[2]：日本40家；美国35家；法国10家；德国4家；瑞士3家；韩国3家；瑞典、加拿大、比利时、荷兰各1家。

此项判断，也可以在中国高科技出口的数据中加以验证。汇丰银行的全球贸易报告显示，2013 年，中国内地高科技产品量排在首位，占全球总量的 36.5%。高新科技产品出口方面，自1999年"科技兴贸"战略推行以来，我国高新科技产品出口比重增长迅速，2005 年，高新技术产品出口额为 2 159 亿美元（图 0-6），一举超过美国，高新技术产品已经成为我国外贸出口增长的新动力。

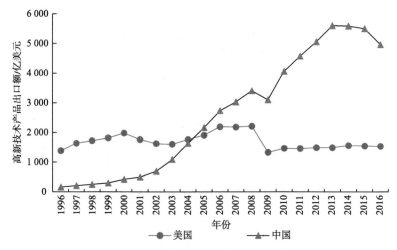

图 0-6 中美两国高新技术产品出口额对比
货币计量单位为现价美元
资料来源：世界银行数据库

但是，这一结果并没有真实反映我国原始型创新的发展状况。从统计上比

① 周恺翾. 创新创业，浙江向硅谷学什么？浙江日报，2014-04-26.
② 汤森路透. 2015 全球创新企业百强. 上海证券报，2016-01-15.

较，与国际标准有着很大区别，凡是与某些科学技术有关的产品包括嫁接、引入新技术生产的，或通过购买新设备、新机器所生产的新产品均列为高新技术产品，但并不涉及这些产品的生产方式和中间产品的研究和生产；从出口结构来看，我国出口的高新技术产品目前主要集中于通信、电子类产品，结构单一，其中 80%是在中国投资的跨国公司的出口。相比之下，美国出口的高新技术产品则涵盖了航空航天技术、信息及通信、电子、生命科学等多方面。因此，虽然我们所定义的高新技术产品出口总体表现一直在增加，但这也恰恰反映出我国在全球价值链中处于中低端的位置的固化。近年来我国不仅在全球价值链中处于中低端的产业地位未发生根本改变，而且一些战略性新兴产业又陷入"高端产业价值链低端化"的陷阱。

正因为如此，中国对外依存度由 2002 年的 60%，2006 年的 50%，下降到2013 年的 18%，总体进步很快。但是，我们的装备制造业技术对外依存度仍超过50%，2013 年至今，80%的高端芯片、80%的发电设备、优质锻造件、90%的高端数控机床及机器人基本上都依赖进口。

如果从中国这些年专利申请激增的动机视角分析，反映出目前专利申请存在比较显著的政绩激励，中国专利申请数量激增主要在于国家层面的主导，专利申请存在着浮夸甚至虚假的现象。2011 年，在中国的主要政策文件中，有超过 10 项国家级别量化的未来专利目标。例如，《中国国家专利发展战略（2011-2020）》中规定截至 2015 年，每年专利申请量达到 200 万件。在国家级专利量化目标下，地方政府为了完成年度专利申请量，都将专利申请量作为年度政府任务硬性摊派并层层向下级政府下达。此外，专利权沦为纯粹"门槛性"工具被随意使用的问题也不容忽视。目前市场上流通的专利其实有很多，但大都限于私下交易，其交易目的也并非为做成商品，而是利用它较快申报高新技术企业，从而享受税收、资金扶持等方面优惠。"这类专利需求不管内容，只看价格，越便宜越好。交易所正式挂牌的发明专利一般单价在 10 万元以上，所以买来并不合适。而交易所外的专利公司提供参评高新技术企业的专利价格在 5 万元到 6 万元，实用新型专利约为 5 000 元，实用新型专利 6 个一起"打包"购买还有优惠。一旦确认购买，专利公司会通过国家知识产权局做变更，十分方便。通过购买专利用于考研、评职称的人也不在少数。"

冷静反思这几年我国大量货币资本投入的同时没有形成原始颠覆型创新产出的同比例增长的原因，可以从原始颠覆型创新的资源要素的角度，看出人力资本比货币资本重要。人力资本是原始颠覆型创新最关键的要素，而创新型人力资本尤其珍贵，但是我们的科技、产业管理体制还没有一整套激励、保障人力资本尤其是创新型人力资本的机制，忽视了创新型人力资本的制度建设，有利于原始颠覆型创新形成的制度环境存在重大缺陷，产生的原始颠覆型创新成果必然较少，很多货币资本的投入被白白地浪费和消耗，甚至被腐败分子钻了空子。为了尽快生成中国的原始颠覆型创新能力，中国需要从货币资本本位的创新机制转向为以人力资本为本的创新机制，通过全面深化改革，构建原始颠覆型创新的制度系统。本书就是为了深入研究中国原始型创新与人力资本尤其是创新性人力资本的关系，构建中国原始颠覆型创新生成的制度建设目的而写的。

第一章 原始颠覆型创新流程与中国的逆创新

第一节 全球原始颠覆型创新的基本流程

全球原始颠覆型创新的基本流程是什么样的？原始颠覆型创新的起点在哪一阶段？这是研究原始颠覆型创新首先要回答的问题。从全球创新的结构关系和动态过程看，原始颠覆型创新的基本流程是：直觉突破式创新—解释规划式创新—逻辑推理式创新—推广扩散式创新，该流程如图 1-1 所示。原始颠覆型创新的起始阶段一定是直觉突破式创新。

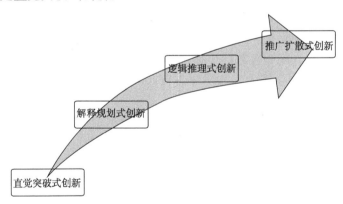

图 1-1 原始颠覆型创新的基本流程

直觉突破式创新是原始颠覆型创新的第一阶段——创新型人力资本所有者个人充分认识自己先天遗传的天赋特长、个性本能，在此基础上通过家庭和社会培养形成兴趣爱好，在追求兴趣爱好过程中具有持续探索的激情与冲动，逐渐形成非凡的想象预见，顿悟生成超常的创意灵感，为下一步"无中生有"地生产出未来产品或服务提供了可能性。

直觉突破式创新源于人们客观存在的直觉思维能力。从脑神经生理学的视角看，直觉思维实质是比逻辑思维更高级的人脑机能。是人脑在知识经验基础上对客观现象直接的整体性反应。人的大脑由左脑和右脑两部分组成，左脑主要专于分析、抽象、计算、语言等思维方式，侧重于抽象思维的表达模式处理语言，进行集中思维、逻辑思维，具有连续性、有序性、分析性等机能，所以逻辑思维主要由大脑左半球完成；右脑主要专于想象、虚构、感受、创造等内容，侧重于直觉的形象思维模式。右脑思维在认知方面的直觉思维能力、顿悟思维能力、形象识别能力、空间认识判断能力、整体综合能力、发散思维能力，以及对复杂关系的理解能力和情绪表达能力等方面，远远超过左脑，直觉思维具有弥漫性、不连续性、整体性机能，这就是直觉思维没有明确的形式和步骤，以并行性方式同时进行整体分析而迅速做出判断的神经生理依据。爱因斯坦曾经说过："我思考问题时，不是用语言进行思考，而是用活动的跳跃的形象进行思考。当这种思考完成以后，我要花很大力气把它们转换成语言。"爱因斯坦的自白从一个侧面说明其实我们右脑的跳跃性形象思维方式是我们创新能力的源泉。

直觉思维也是认知心理学可以证明的认知心理活动：人脑中并存着两种不同的信息加工系统，即意识加工与无意识加工。意识加工是有分析步骤，有逻辑过程的认知加工活动。无意识加工是一种基于技能与经验的自动化的、无须意志努力的加工。这些特征与直觉的特征基本一致，因为直觉就是一种无意识的认知加工，直觉没有明确的分析步骤，是一种隐性分析，它在知识经验的基础上实际上进行了直接的比照，含有简洁的类比预测形式。只是这种心理活动从人的本能出发，达到了自动化的程度，主体自己意识不到而已。心理学家将这种意识加工与无意识加工也称为人脑的显意识和潜意识两个组成部分。潜意识的巨大力量大部分人没有意识到，但事实上它却发挥着巨大的作用。世界潜能大师博恩·崔西说，潜意识的力量比意识要大三万倍。

正因为有神经生理学和认知心理学的客观基础，直觉思维自然成为人们的高级思维方式。直觉思维比逻辑推理思维更符合原始颠覆型创新的思维要求。世界许多著名科学家都以其创造性直觉而著称，他们都经历了极其复杂的认知过程，而早期的直觉常常是创新的起点，然后需要经过逻辑思维的分析、补充和完善，才能成为有价值的创作成果。例如，达尔文称自己发现进化论的灵感来自马尔萨斯的《人口论》，但其进化论想法的灵感在阅读《人口论》之前就曾以不同形式出现在他的笔记里。尽管达尔文在阅读马尔萨斯的著作之前，也许没有意识到他的那些基于直觉的想法，也没有将这些想法以连贯的方式表达出来，但那些想法确实已经在他的头脑中萌发了，没有这些直觉灵感的闪现，也就不可能有后来生物进化论的诞生。

直觉突破式创新具有多种外在表现形式。

（1）直觉判断指直觉突破式创新主体对客观存在的实体、现象、词语符号及其相互关系的一种迅速的识别，综合的判断。这种判断往往因具象化、形象化而精准化。在这个判断过程中，人们很难区分出感觉、知觉、表象和概念、判断、推理，因为它进行得十分迅速和直接，"是这样"而来不及考虑"为什么是这样"。

例如，德国地质学家魏格纳于 1910 年在家卧床养病时[①]，观看墙壁上挂着的一幅世界地图消磨时光。看的时间长了，他突然发现大西洋两岸大陆的海岸线十分相似，如果把它们拼起来，非洲西部和南美洲东部就十分吻合，简直像一块完整的大陆。于是他凭直觉大胆判断，非洲和南美洲原来连在一起，后来由于某种原因分开，沿水平方向各奔东西，中间便形成了大西洋，这就是著名的"大陆漂移假说"。

又如，中国老庄哲学明显是来源于老子和庄子对人与自我、人与社会、人与自然全面而深刻的直觉判断，道法自然，无为而治，更具有创新性。《道德经》第二十二章提出曲则全，枉则直；洼则盈，敝则新；少则得，多则惑。是以圣人抱一为天下式。不自见，故明；不自是，故彰；不自伐，故有功；不自矜，故长。夫唯不争，故天下莫能与之争。古之所谓"曲则全"者，岂虚言哉！诚全而归之。

（2）直觉洞察指直觉式创新主体的认识能深入事物的内部联系，它以判断为基础，直接对事物的本质进行揭示。比如，爱因斯坦善于运用直觉思维，从牛顿的"绝对时间"和"绝对空间"中解放出来，突破用力学说明一切的思维定式，确立起"相对时间"和"相对空间"的观念，进而创立了狭义相对论，完成了物理学的伟大革命。科学家们赞叹质能互变的神奇时，赞赏爱因斯坦天才般的直觉洞察力。德布罗意称赞其："能够一眼看穿那疑难重重、错综复杂的迷宫……给那黑暗笼罩的领域突然带来了清澈的光明。"

中国孙子兵法的直觉洞察，成为信息技术时代知识军事的指导原则——不战而屈人之兵，代替了克劳塞维茨的暴力制胜论。2 500 多年前，孙子就用自己的直觉洞察，解释了战争的本质。他提出了攻其无备方能出其不意，运筹帷幄方能决胜千里，知己知彼方能百战不殆，知天知地方能胜乃不穷的战争谋略，从古代直至现代都闪耀着直觉智慧。

（3）直觉预测指直觉式创新主体在科学创造活动中，对自然运行和社会运行的趋势的认知，看到了从现在到未来的"无中生有"过程。这种认知不仅建立在客观规律的逻辑推理基础之上，更建立在直觉的推测甚至猜测之上。科学史实表明居里夫人和普朗克等杰出的科学家都有很强的科学直觉的预测能力。居里夫人对镭元素的预测被劳厄称赞为"以直觉的预感击中了正确的目标"。著名华裔科学家丁肇中曾经评价"计算机之父图灵杰出的开创性和惊人

---

① 魏格纳 A. 海陆的起源. 李旭旦译. 北京：北京大学出版社, 2006.

的直觉洞察力，使他的很多思想由于超出当时人们的理解能力而一度默默无闻，结果弄得二三十年后一些人的独立研究成果似乎不过是在证明他的思想的超时代程度"。

中国著名思想家梁启超在 1898 年秋戊戌变法失败后，匆忙乘船逃往日本。船长将一本日本"政治幻想"小说《佳人奇遇》送给梁启超，供他在亡命途中消愁解闷。没想到，这本原供梁氏消遣的小说竟令他激动不已。几年后，梁氏一时技痒，在 1902 年创作了一部"政治幻想"小说《新中国未来记》。这一年，30 岁的梁启超做了两件大事，创办姊妹刊物《新民丛报》和《新小说》月刊，《新中国未来记》就是发表在后一本刊物上。在《新中国未来记》中，他如此直觉预测到了上海世博会的盛况，"那时我国民决议，在上海地方开设大博览会，这博览会却不同寻常，不特陈设商务、工艺诸物品而已，乃至各种学问、宗教皆以此时开联合大会。……处处有演说坛、日日开讲论会，竟把偌大一个上海，连江北，连吴淞口，连崇明县，都变作博览会场了"。而中国传统文化大师梁漱溟直觉地预测：在西方科学文化之后会进入中国文化的盛兴阶段，正在被当今时代的趋势证明。

（4）直觉想象指直觉式创新主体不需要完整而充分的外界信息，他能在片段零星的特定信息基础上，凭借已有的经验和知识，用创造性的想象力去理解和连贯看似毫无联系的纷杂事物。苏联物理学家福克甚至认为："伟大的发现，都不是按逻辑的法则发现的，而都是由猜测得来；换句话说，大都是凭创造性的直觉得来的。"如苯究竟有什么样特殊的分子结构[1]？凯库勒百思不得其解。一天晚上，凯库勒在半梦半醒之间，他看到碳链似乎活了起来，变成了一条蛇，突然咬住了自己的尾巴，形成了一个环……凯库勒猛然惊醒，受到梦的启发，他明白了苯分子原来是一个六角形环状结构。就是在研究的关键阶段，苯结构的概念连同一个环形形象同时出现在他的脑海中，使他一下子领悟到苯环结构的实质。又如，美国电影为什么吸引人？关键在于直觉想象，《阿凡达》《星球大战》《狮子王》《玩具总动员》等都是以想象力著称的经典电影，是美国文化创意产业主导产业的产物。中国自古以来并不缺乏直觉想象，嫦娥奔月作为中国的远古神话，就极具直觉想象力，《淮南子·外八篇》提到后羿到山中狩猎的时候，在一棵月桂树下遇到嫦娥，二人便以月桂树为媒，结为夫妻，后来，嫦娥吞下不死药飞到了月亮上。

（5）直觉类比是在某一问题的思考中，既没有得出直觉的判断，也没有凭借自己的想象力获得什么有用的结论，但是在某一时点，在所思考的问题领域之外，甚至是看起来毫不相干的事件传来的信息中受到启发，顿悟类比，于是思维

---

① 方舟子. 凯库勒的梦中发现之谜. 中国青年报，2008-02-20.

过程中的"障碍物"被清除了，思路打通了，问题得到了解决。这种情况就是直觉类比，它有别于形式逻辑中的类比推理，是一种具有很大跳跃性的超越于形式逻辑的"类比"①。例如，阿基米德发现浮力定律，叙拉古国王怀疑其定做的金王冠被工匠掺假，于是命令阿基米德去检验是否掺假，但是又不能破坏王冠。阿基米德苦思冥想却始终不得其解，但是当他在木桶中洗澡时，脑中闪现一道灵光。他发现自己踏进木桶后溢出的水在体积上与他的身体相等，于是他茅塞顿开，直觉地悟出物体的体积、浮力与密度之间的关系，不仅巧妙地解决了"王冠掺假之谜"，还进一步推理、验证，最终发现了浮力定律。

中国著名电视剧《西游记》的音乐是直觉类比创作出来的。曲作者许镜清回忆，当时正值午饭时间，自己突然听到两个民工从身边走过叮当叮当敲击着饭盒，这激发了他的创作灵感，产生了直觉启发，从饭盒的敲打声类比音乐的曲调、节奏，创造了经典的《西游记》的音乐②。

曹冲称象也是直觉类比的典型案例。曹冲年少聪明且善于观察，到五六岁的时候，其知识和判断能力意识所达到的程度，可以比得上成人。孙权曾经送来一头巨象，曹操想要知道这象的重量，便询问他的下属，但他们都没法想出称象的办法。曹冲说："把象安放到大船上，在水面所达到的地方做上记号，再让船装载其他东西，（称一下这些东西）那么比较后就能知道结果了。"曹操听了很高兴，马上照这个办法做了。

直觉突破式创新方法的特征是凭借直觉思维从整体上把握甚至是猜测、预见事物的本质和规律。因此具有整体性、预见性特征，综合的而不是分析的，它侧重于从总体上把握认识对象而不拘泥于某个具体细节，洞见事物发展的未来。在科学创造活动中，对研究对象进行整体把握是非常重要的。因为在知识经验的基础上提出某一具有创新性的理论或思想时，不可能对未来的新理论的细枝末节考虑得非常清楚，也不可能对日后的实验验证或逻辑论证设想得很周到，所以在创新的开始阶段只能对事物进行整体把握并高瞻远瞩。

直觉突破式创新过程一定是突破思维定式的创新。认识主体的思维定式妨碍着人们对事物本质和规律的把握。思维定式包括权威定式、习惯定式、从众定式、书本定式等。在产生崭新的认识过程中，创新者突破传统、打破定式、另辟蹊径的思维模式有利于人们模糊估量研究前景，大胆提出假说和猜想。在面临一个课题或解决一道难题时，人们往往先对其结果做大致的估量与猜测，然后再对这个结果进行实验验证或逻辑论证，这就是直觉思维中的模糊估量法③。

---

① 诺维利 L. 最奇趣的大科学家传记：阿基米德和撬动地球的支点. 赵吉才译. 北京：机械工业出版社，2005.

② 陈研妮. 西游记作曲家许镜清. 辽沈晚报，2012-07-19.

③ 陈爱华. 论直觉思维的生成及其作用. 徐州师范大学学报，2009，（3）：87-91.

　　直觉突破式创新目的在于新质的创造，在于一种解决问题方法的发现和新意象、新设计的产生。从这个角度出发，一切直觉思维，如想象、灵感、顿悟、预见、突发奇想等都表现为长期寻找过程的点滴积蓄，发现时刻的偶然和突发，同时伴随主体强烈的精神通畅、喜悦甚至癫狂。

　　直觉思维划分为闪现阶段和突发阶段决定了直觉突破式创新的两个过程：直觉灵感的闪现和直觉创意的突发。闪现阶段形成对问题连贯性的一种内隐知觉。这种内隐知觉的形成开始于认识和解决问题显现，并通过隐秘的积累自我激活扩散，被逻辑思维帮助强化，闪现往往出现在幼儿阶段和青少年阶段。突发阶段就是隐秘积累过程整合有关问题的信息，形成有关问题连贯性的有意识表征，并在此基础上，预见事物发展的未来和创造改变事物的灵感。在准备突发的积累过程中，逻辑思维是不可或缺的要素。

　　直觉突破式创新奠定原始颠覆型创新的基本流程：原始颠覆型创新一定是从直觉突破式创新开始，直觉突破式创新虽然是原始颠覆型创新的第一和关键的阶段，在直觉突破式创新主导下，需要其他创新阶段进行接续，直觉突破式创新—解释规划式创新—逻辑推理式创新—推广扩散式创新，四个必经的阶段构成原始颠覆型创新动态流程。

　　原始颠覆型创新流程的第二阶段是解释规划式创新。由于直觉突破式创新阶段的灵感创意的想象性、预测性特征，在直觉突破式创新阶段的原始型创新目标相对是模糊的、初步的甚至是猜测的。因此需要有一个解释规划的阶段才能逐步明确化。解释规划式创新就是把直觉创意在讨论对话中、在辩论质疑中、在唇枪舌剑中、在沟通对话中、在妥协包容中解释、修正、清晰、完善、提升、设计，成为可以进行逻辑推理式创新的具体项目或具体产品。更重要的是，解释规划式创新进一步深化和扩展在直觉突破式创新阶段提出的创意，赋予直觉突破式创新成果更多层面、更广范围的创新价值，也就是说，解释规划式创新的功能不仅是就解释而解释，而是在解释中优化和具化直觉突破式创新。解释规划式创新是从右脑思维向左脑思维的过渡阶段，是左右脑思维的融合阶段。在此阶段，既需要感触创意灵感的潜在价值，又需要对创意灵感运作的理性分析。直觉突破式创新只有经过解释规划式创新，才能以更完善、更优化、更清晰、更明确的项目进入具体可操作的逻辑推理式创新，最后成为具体的服务和产品的推广扩散式创新。解释规划式创新的社会属性更显著。

　　在原始颠覆型创新流程中，需要创新者明确的是，解释规划式创新不是对直觉突破式创新阶段提出的创意灵感进行思想上的统一，恰恰相反，解释规划式创新是把多元的异见歧义作为创新的发动机，在异见歧义中找到更有价值的创意与灵感①，珍惜每一个异见歧义，保护多元异见歧义并存的状态，甚至维护一个异见歧义之间的批评、批判、辩论、反驳、竞争、超越的生态。看起来这样一种生态是错综复杂、漫无头绪、此起彼伏的，但是看起来错综复杂、漫无头绪、此起彼伏的状态本身有原始颠覆型创新的内在秩序，是解释规划式创新阶段的正常而且必要的状态，只有在多元歧义的对话、沟通、交流、协商中才能将直觉突破式创新阶段的成果设计出来，渐进地使直觉突破式创新阶段的创意灵感清晰化、具象化、社会化、群体化、优质化。由此可见解释规划式创新不仅把异见歧义作为常态，而且看成是原始颠覆型创新的最珍贵的资源，异见歧义是解释规划式创新的核心要素。从原始颠覆型创新的流程看，如果说直觉突破式创新更多地依赖于个人的天赋特长、兴趣灵感、激情梦想、创意灵感，那么解释规划式创新则是整合与吸收全社会的天赋特长、兴趣爱好、激情梦想和创意灵感，是原始颠覆型创新的社会动员和社会集聚。原始颠覆型创新一定是一个社会化的过程，而关键的一步社会化程序是社会化解释，将个人的直觉创意逐步转化为社会的目标。无论是探索新的科研项目、实验新的科研技术、启动新的设计、创造新的产品、开辟新的生产生活方式，个体的直觉创意需要通过具有不同背景和观点的群体之间的对话来获得认可理解，并在一个更广泛的背景中加以实现。对话中的异见歧义正是创意的源泉，如果对话很快结束，这些创意的源泉也就干涸了。解释设计性对话是一个开放式过程，持续进行，或许有起点但没有真正的终点。

　　从直觉突破式创新到解释规划式创新，参与对话的人在一开始对话时也许并不了解他们要谈的内容，即使有一定了解，谈话的实际内容也可能与最初的设想相去甚远。只有通过不断的交谈，参与者才能逐步增进了解，消除误解，进而产生新的发现和新的见解。从这个角度来说，正因为有异见歧义，才有必要进行对话，才有条件进行原始颠覆型创新。解释规划式创新的内在奥秘在于，对话不是为了交换众所周知的信息，而是共同探索异见歧义包含的能够带来新的创意的潜在新信息。异见歧义是原始颠覆型创新的核心资源，是各种天赋特长、兴趣爱好、激情梦想的交响与合唱。让异见歧义在对话交流中渐渐设计成具体的产品或服务模式，这是原始颠覆型创新之所以能够产生的内在奥秘。所以原始颠覆型创新注定要有解释规划式创新阶段，它是原始颠覆型创新中的必经阶段。

　　典型的案例是原始颠覆型创新企业的创新需求，来自消费者与设计人员在各自直觉灵感的基础上产生互动，互动过程中渐渐发现消费者生活中某些新的未来需求，发现可以满足未来需求的新产品。设计师完成设计，并将某款新产品推向市场后，他会观察消费者的反应，根据市场使用的反馈情况来完善该产品。在消

――――――――――――

　　① 莱斯特 R，皮奥雷 M. 破译创新的前端——构建创新的解释型维度. 寿涌毅等译. 北京：知识产权出版社，2006.

费者与设计师的互动过程中，彼此不同的想法与意见不仅不是原始颠覆型创新的阻碍，恰恰是原始颠覆型创新的动力与材料。手机刚发明出来的时候，大家可能并不清楚新产品究竟是无线电设备还是电话设备。但正是在异见歧义对话的过程中，手机逐渐成形。它既不同于传统的无线电设备，也不同于传统的电话设备。由此看来，没有任何不确定性的企业，也不可能产生出任何创新。有趣的产品也好，产品开发也好，异见歧义都提供了值得讨论的话题。如果禁止开放式对话，消除歧义与解释，也就扼杀了产品开发的灵感。

原始颠覆型创新流程的第三步是逻辑推理式创新。逻辑推理式创新的特点是进行逻辑分析。解释规划式创新阶段的成果，虽然已经将直觉突破式创新阶段的创意灵感具化为某一项产品或服务，但是如何能够在实践中实现新产品和新服务，这需要无数次的实验和失败，从明确是什么到如何做，的确是原始颠覆型创新的两个不同阶段。从某种意义上说，原始颠覆型创新只有进入逻辑推理式创新阶段才真正落地。在具体的生产过程中，通过不断的实验，无数次的失败寻找到科学的生产原料、生产工艺、生产设备、生产方法，通过具体的操作生产出原始颠覆型创新的产品与服务，这就是逻辑推理式创新阶段的重要价值。即为解释规划式创新获得创新目标，开发具体的创新产品或创新服务。

逻辑推理式创新与解释规划式创新往往易被混淆，使直觉突破式创新阶段的创意灵感不能变为现实的产品与服务。需要强调的是，解释规划式创新与逻辑推理式创新是两个不同的阶段，如逻辑推理式创新与直觉突破式创新中的对话体现了人类沟通对话的不同层面，先有解释规划式创新阶段的异见歧义对话，才有逻辑推理式创新的具体实施的对话。在原始颠覆型创新流程中，逻辑推理式创新的对话一定是在解释规划式创新对话之后，而在现实创新过程中，往往混淆了这两个阶段对话的区别：究竟是通过对话统一思想还是开放的、自由的对话，在一定程度上决定了创新本身的质量与成果。从我们习以为常的逻辑推理的惯性看，语言包含了一套语法规则和一套词汇，决定语言的含义。单词有明确的含义，能传递清楚的信息，也不需要通过解释就能加以理解。因此，沟通对话就是消除错误，达到统一。而从直觉突破式创新和解释规划式创新的角度看，语言本身是开放的、不完备的。规则和词汇创造了一个空间，这个空间限定了可能的含义。但真正的含义是由对话双方在特定的互动过程中形成的。信息总是有歧义，并引起人们疑惑的。通过开放式对话，歧义本身成为创新的原料，因此不同观点间的自由对话是原始创新过程的必经阶段。

对任何原始创新型团队来说，逻辑推理式创新与直觉突破式创新的两种方式有机结合是创新的艺术。把两者结合起来的确存在一定困难。采用逻辑推理方式的管理者在工作中追求清晰和完整。他们将工作组织成项目，有明确的起始和截止日期。相反，解释性方式是一个持续的过程，没有明确的终点。具有解释性观点的管理者不会试图消除歧义，而是保留并利用这种歧义，将它作为新发现和新观点的源泉。逻辑推理分析型管理者召开会议是为了确定目标，解决问题；而解释型管理者则组织对话，设定方向。在解决问题型项目中，沟通包括大量明确的信息交换；而在解释性过程中，沟通是开发式的，其意义依赖于语境。逻辑推理分析性观点认为，整合涉及不同专家的协调，以及问题组成部分的有效集成；而解释性观点认为，整合需要新的视野、新的语言。

比如，在新产品开发上，推理式创新方法与解释式创新方法的主要区别如表 1-1 所示。

表 1-1　新产品开发中推理式创新方法与解释式创新方法的主要区别

推理式创新方法	解释式创新方法
关注焦点是项目，有明确的开始点和结束点	关注焦点是一个持续、开放的过程
目的是解决问题	目的是发现新事物
管理者设定目标	管理者设定方向
管理者通过会议协调不同观点，消除歧义	管理者组织对话，鼓励不同观点，探索不确定因素
沟通是大量信息的精确交流	沟通是动态的、依赖于语境的、不确定的
设计师倾听消费者呼声	设计师凭感觉把握消费者需求
采用因果分析模型，明确区分目的和手段	无法明确区分目的和手段

原始颠覆型创新过程中怎样将这两种方法结合起来呢？产品开发既是推理分析性的，如同电影中的每一帧画面；又是直觉解释性的，如同整部电影。就一项活动来说，它同样既是推理分析性的，又是直觉解释性的。这一切初看起来很不合逻辑。但正如现代物理所证明的光具有波粒二相性一样。因为波就像解释一样，具有连续性，而分析则将过程划分成离散的行为，如同粒子。

我们往往在没有进行解释规划式创新的必经阶段之前，就进行逻辑推理式创新，人为跳过各种创意、灵感、思想、理念的对话辩论阶段，抑制了直觉突破式创新的潜能，由于解释规划式创新阶段的质量降低，从而矮化了逻辑推理式创新的高度。我们对逻辑推理式创新的统一思想更熟悉，而对解释规划式创新的多元对话很陌生。中国要从引进模仿型创新进入原始颠覆型创新阶段，一定要学习如何在解释规划式创新中进行多元对话。

推广扩散式创新是原始颠覆型创新的第四个阶段：经过直觉突破式创新、解释规划式创新和逻辑推理式创新，原始颠覆型创新的产品或服务已经成型——或者是生产出产品，或者是产生新的服务模式。如何将已经成型的产品或服务进行推广，这就需要推广扩散式创新。

在原始颠覆型创新过程中的推广扩散式创新阶段，创新者在满足消费者需求的同时，获得创新的收益，更让全社会分享创新的文明成果，造就新的生产生活方式。首先是原始颠覆型创新的产品或服务的扩散——这是物质层面的扩散；在物质层面的扩散背后，是利益价值链的扩散——当原始创新者通过产品和服务的推广获得满意的利益时，也给消费者带来了需求的满足。其次是在利益的扩散背后也包含着文明的扩散，每一次原始颠覆型创新产品或服务的扩散，不仅是人们的消费模式的改变，消费质量的提升，同时也是人们生活方式和生产方式的改变，继而也改变了人们的思维方式和社会的管理方式，逐步演化出现代化的人格特质，经济价值提升的同时是人类文明的进步。

推广扩散式创新当然需要依靠先进的技术，在现代信息技术和现代传播机制环境中，推广扩散式创新的技术渠道多元化，如物联网、智能手机、移动互联、大数据云计算等新型技术手段。但是推广扩散式创新更关键的不是技术层面的创新，而是需要在技术层面基础上的市场营销模式的创新，媒体广告宣传的创新、社会传播渠道的创新、同行竞争与合作方式的创新、经济与社会组织的创新等。也就是说从事推广扩散式创新的人力资本更多地需要在市场模式、人际关系模式、社交模式、组织模式甚至心理模式方面的创新。

原始颠覆型创新的初始阶段是直觉突破式创新，直觉突破式创新经过解释规划式创新、逻辑推理式创新、推广扩散式创新各阶段，决定了原始颠覆型创新的质量效益。如果没有直觉突破式创新，其他创新的环节对于原始颠覆型创新而言就是无源之水、无本之木。目前中国正在进行创新驱动的发展，需要遵循从直觉突破式创新开始的原始颠覆型创新动态流程，改变直接从逻辑推理式创新切入，从而人为堵塞原始颠覆型创新源头的惯性。

第二节　中国的逆创新及创新阶段的推进

原始颠覆型创新客观上存在着一个系统而动态的循环流程，原始颠覆型创新的源头——直觉突破式创新需要有能够从事原始颠覆型创新的主体以及相适应的制度环境和文化环境，当中国刚刚实施改革开放的时候，还不具有直觉突破式创新的环境，只能是从全球原始颠覆型创新的最后阶段——推广扩散式创新阶段进入。进入推广扩散式创新意味着中国是从引进模仿型创新开始起步的，显示中国在全球范围的创新流程中，最早并没有处在原始颠覆型创新的起点上，而是在原始颠覆型创新的最末端。中国从原始颠覆型创新的末端进入全球创新链的特点，注定中国的创新经济是从末端进入反向推进，然后慢慢逼近原始颠覆型创新的前沿。中国的创新只能是逆创新，是依据中国原始颠覆型创新能力的提升程度及中国原始颠覆型创新环境建设程度逐步推进的逆创新过程，目前正在从引进模仿型创新向原始颠覆型创新过渡的转型中，处在向原始颠覆型创新顶峰攀登的过程中，还没有达到世界原始颠覆型创新的前端。这一判断与中国的发展实践基本相符①。

第一阶段：中国的逆创新首先从推广扩散式创新阶段开始。从 20 世纪 80 年代到 20 世纪 90 年代左右，在改革开放的大背景下，中国引进在发达国家已经相对成熟的技术成果以及相对完备的成套设备，以市场换技术，开放国内市场，生产符合本国市场需要的产品，成为国外品牌的组装者和消费者②。推广扩散式创新吸收与集聚了大量初级劳动者，开辟了农民向市民转型的通道，提升企业生产效率、降低生产成本，积累企业可用资本，关注本国及其他新兴发展中国家的市场需求。由于缺乏核心技术，这一末端进入的创新方式符合中国当时发展的实际，在基础比较薄弱的情况下，在引进国外先进技术及国际管理方式的基础上，针对中国市场及国际市场的需要进行中低端市场消费功能的创新，所以这时候的创新只能进行引进模仿型创新，往往是在引进模仿基础上的本土市场功能的创新。虽然是处在全球原始颠覆型创新的末端——推广扩散式创新阶段，但这确实是中国创新的开始。

第二阶段：从 20 世纪 90 年代到 21 世纪初，中国的逆创新从推广扩散式创新进入逻辑推理式创新阶段。在推广扩散式创新积累一定的资金、技术和设备的基础上，进行集成创新与产品创新，此时虽然仍然处在引进模仿创新阶段，但不再简单地为外国品牌组装，而是在引用国外核心技术的同时开始对产品功能、产品结构、产品外观进行实用新型创新，逐步开始有了自己的品牌，产生了如联想、海尔、格力等企业的自主品牌。这些品牌不仅占领了国内市场，而且还走向了国际市场。不仅企业提升了服务质量，创造了市场品牌，获得市场认可，不断开发产品创新点。而且政府还从重点科技领域、重点产业领域赶超的既定目标出发，制定计划、配置资金、指令管理、严格考核。政府自上而下把重点创新项目当成工程进行计划实施，从国家战略层面形成了在某些重点领域赶超发达国家的能力。这表明中国的逆创新从推广扩散式创新阶段进入逻辑推理式创新阶段。

第三阶段：从 2000 年左右至 2010 年，中国的逆创新从逻辑推理式创新进入解释规划式创新阶段。在市场主体社会主体多元化发展的基础上，开始出现了海归创业者、年轻创业者、天使投资、风险投资、行业协会等越来越多的创新创业

① 彭建娟，陈阳阳. 金融危机背景下的逆创新特征及其管理研究. 财政金融，2013，（2）：19-21.
② 王蕾，曹希静. 改革开放以来我国"科技创新"概念内涵的演变. 科技和产业，2012，（6）：177-178.

网络生态主体，许多拥有发明专利的年轻人努力通过技术转让与企业合作，进一步在相互的对话和协商中构成创新联盟。国家层面进一步提出了自主创新战略，强调大量的集成创新和引进消化吸收再创新，并努力在某些关键技术上自主突破，领先开发，率先开拓新市场。即结合研发满足目标市场的功能设置及便捷性要求，促使创新产品迅速占领本国市场，并开发其他发展中国家同类市场，获得创新收益。华为、大疆、华大基因就是典型的代表。但是没有直觉突破式创新支持的解释规划式创新仍然是在解释国外的原始创新成果，而且无法真正地解释清楚，所以，这时候的解释规划式创新还是没有自我原始创新能力的对别人的一种解释，解释的程度是有限的。

第四阶段：2010 年至今，中国的逆创新进入直觉突破式创新阶段，从市场主体的集成创新和国家层面的项目创新，进入产学研企市结合的核心科学技术创新与企业自主创新，以实现中国的终极目标——力求将过去在国外产生的原始颠覆型创新的源头直觉突破式创新阶段转移到国内进行，不再依赖于外国发明专利和核心技术的引进，开始培育自己的原始颠覆型创新的源头。在这个创新阶段，更多的市场主体与社会主体不只限于对利润的追求，而是对个人天赋特长、兴趣爱好、激情梦想、创意灵感实现的追求。而政府也不再局限于对 GDP 政绩的追求，而是对经济发展质量、对经济可持续发展的追求，为社会主体的兴趣爱好追求提供良好的制度环境。而直觉突破式创新表现的原始颠覆型创新质量取决于人的现代化的发展程度，所以，能够从事直觉突破式创新是中华民族人格现代化的集中表现。

现实的困境在于客观上我们在本国进行后端和相对低端的创新，是在发达国家直觉突破式创新启动和完成后。但是我们在主观上往往把现在中国正在进行的后端创新当成了原始颠覆型创新的前沿阶段。政府习惯于制定规划，设计重点发展项目，高等院校与科研院所的研究者忙于申请忙于完成国家课题或国家项目，而企业热衷于通过新产品开发获得政府的补贴。政府、学者和企业家都以为这是原始颠覆型创新的常态。实际上所有的这些行为只是逻辑推理式创新的行为方式，我们还远远没有达到原始颠覆型创新源头——直觉突破式创新的阶段。在产业结构调整、经济发展模式转型的关键时期，我们必须意识到，中国要从引进模仿型创新上升到原始颠覆型创新，必须要从逻辑推理式创新逆向推进到直觉突破式创新阶段。这是中国必需的逆创新跃升，是中国创新转型的关键阶段。我们可以以联想集团的发展为例进行分析①。

联想在 20 世纪 80 年代初开始从事外来技术和外来零件的电视机组装，成为外国电脑品牌的中国代理商，是中国逆向创新流程中的市场推广扩散式创新阶

---

① 佚名. 联想集团大事记. https://www.jd.com/phb/zhishi/1c55efa4881a2b9d.html，2017-11-23.

段的典型企业。联想在 20 世纪 90 年代初推出联想品牌电脑，1990 年首台联想微机投放市场。联想由一个进口电脑产品代理商转变成为拥有自己品牌的电脑产品生产商和销售商。联想系列微机通过鉴定和国家"火炬计划"验收，代表联想进入了中国逆创新的第二阶段——逻辑推理式创新阶段，虽然核心技术还是外国的，但是从简单的零件组装到能够生产出有自己实用新型和外观设计创新为标志的产品，是其创新阶段的一大进步。2001 年，联想首次推出具有丰富数码应用的个人电脑产品。2003 年联想宣布使用新标识"Lenovo"，为进军海外市场做准备，并基于"关联应用"技术理念，从单纯的产品制造进入综合的战略设计阶段。联想成功研发出深腾 6800 高性能计算机，在全球超级计算机 500 强中位居第 14 位。2004 年底，联想在举世瞩目之下并购了被称为"个人电脑时代缔造者"的 IBM 的全球 PC 业务，由民族 IT 产业的领军企业一跃成为全球第三大个人电脑生产商。在信息产业部的领导下，联想携手众多中国著名公司成立闪联标准工作组（Intelligent Grouping & Resource Sharing，IGRS），以推动制定产业相关标准。这是联想在逻辑推理式创新的基础上进入解释规划式创新的标志。

但是纵观联想集团的发展历史，不能回避的问题是，至今为止联想的原始颠覆型创新的核心能力还比较欠缺，如何让联想进入原始颠覆型创新的初始引领阶段——直觉突破式创新阶段，是联想目前面临的严峻挑战。从联想发展的规划看，目前联想集团正在朝着培育原始颠覆型创新能力的方向努力，联想研究院（Lenovo Corporate Research & Development）成立于 1999 年 1 月，是联想集团公司级的中央研发机构。联想研究院在现阶段的职能定位是以全球客户的需求为导向，积极研发应用型科技，不断提升技术成果的产品化效率，致力于自主开发和创新。联想研究院将持续探索引领计算机行业发展和用户应用潮流的研究成果，为中国及世界其他国家的客户创造最好的产品和服务体验，以此来助力联想的全球博弈，进而提升中国 IT 产业在世界范围内的地位。

虽然联想成立了研究院，但是联想的直觉突破式创新的成果至今还没有显现，更严峻的是：逆创新不仅仅是技术，更是经济、政治、文化的系统变革，像联想这样的大企业，逆创新是比较艰难的，其是否能够完成逆创新的最后挑战不得而知；联想如果没有真正的核心技术，没有原始颠覆型创新的发明专利，下一步会不会有可能被其他的新兴企业替代呢？也许联想之星的创立是联想在努力培养下一代企业探索中国原始颠覆型创新之路。

联想遇到的挑战也是中国其他企业遇到的挑战，中国能否进入原始颠覆型创新起始阶段——直觉突破式创新阶段，取决于企业的创新与社会主体的觉醒，取决于政府与市场主体、社会主体之间的关系的新构建。如何以新的制度创新使中国的逆创新进入直觉突破式创新阶段，目前还没有找到真正清晰的路径，无论是企业家，还是科学家、学者，都习以为常地把争取国家科研计划、获得国家科研资金、完成既定项目课题视为中国创新的主要模式，以为在这一创新阶段努力，我们就能够实现原始颠覆型创新的目标了。各个科研院所、各大专院校、各个高新技术产业开发区、各个企业的考核评价、资金扶持、税收优惠，甚至职称晋升都与是否有国家科研项目挂钩。我们常常把逻辑推理式创新看作原始颠覆型创新的起点，而逻辑推理式创新恰恰不是原始颠覆型创新的起点，而只是原始颠覆型创新的一个必经环节。逻辑推理式创新是通过清晰地设置需要创新的问题，运用已有的知识和经验，分析问题形成的原因，根据问题的原因找到解决的方案。实际上在创新过程中，当创新的具体问题能够清晰展现，解决问题的步骤能够具体实施的时候，已经不是原始颠覆型创新的主导行为方式了。我们把中间的一个环节当作了创新的全部环节，认知上的误区使我们迟迟不能从引进模仿型创新上升到原始颠覆型创新，缺乏对原始颠覆型创新的系统制度设计。为此我们必须从原始颠覆型创新的基本流程开始认识，原始颠覆型创新的主导行为方式是直觉突破式创新——由个人的天赋特长和兴趣爱好产生的探索激情或者研究冲动，在已有明示知识的基础上，调动自身的默示知识，尤其是超常型默示知识，形成非凡的未来想象，生成超常的创意灵感，生产出产品或服务，创造出巨大的经济和社会价值，甚至变革当今世界的生产生活方式。在直觉突破式创新主导的原始颠覆型创新过程中，逻辑推理式创新才能够成为原始颠覆型创新的有机组成部分。脱离直觉突破式创新的逻辑推理式创新往往只能产生模仿改良型创新。因为直觉突破式创新通过兴趣爱好形成创新起点，而逻辑推理式创新是确立计划项目；直觉突破式创新的目标是通过预测想象创意未来，逻辑推理式创新的目标是解决已知现实问题；直觉突破式创新主导原始颠覆型创新的发动和突破，逻辑推理式创新负责既定项目的实施。只有以直觉突破式创新为主导，将逻辑推理式创新附着于直觉突破式创新过程中，才能达到原始颠覆型创新的高度。有了基本认识，才能进入原始颠覆型创新的制度设计层面，才能为原始颠覆型创新提供系统的制度环境。由于缺乏对直觉突破式创新的认可，目前中国的创新管理往往误认为逻辑推理式创新就是原始颠覆型创新的主导行为方式，热衷于针对现实问题，提出创新计划，分配创新资金，而把对人们的天赋特长、兴趣爱好、激情梦想、创意灵感的尊重保护当作可有可无的事情，甚至存在着比较显著的制度抑制惯性。这是政府虽然投入了 2 万亿元科研经费，但是原始颠覆型创新成果并不显著增多的基本原因。我们的科研管理是否存在着管理与原始颠覆型创新流程脱节的困境，大量的科技研发基金并没有配置到真正可以进行原始颠覆型创新的主体手里，不仅浪费现象严重，而且腐败问题频发。所以中国从引进模仿型创新向原始颠覆型创新过渡，首先要厘清原始颠覆型创新的基本流程，有的放矢地进行管理。现在的问题是，由于缺乏直觉突破式创新阶段，解释规划式创新的实际操作就没有条件，即便政府鼓励社会创新，社会也不可能形成一个自由对话、思想风暴的局面，所以社会的解释规划式创新不能够自然构成中国的创新的有效阶段。解释规划式创新的缺失实际上是直觉突破式创新缺失的结果。直觉突破式创新与解释规划式创新的内在关联是原始颠覆型创新流程的天生程序，而我们现在的逻辑推理式创新还没有认识到原始颠覆型创新的天生程序，所以出现这样的流程缺陷（图1-2）。

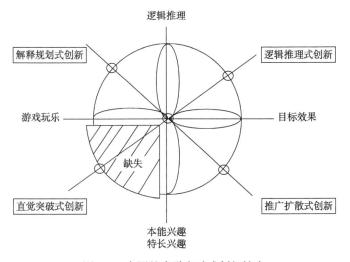

图 1-2　中国的直觉突破式创新缺失

显然中国目前的原始颠覆型创新的流程是不圆满的，尤其缺失直觉突破式创新和解释规划式创新。在逆创新的进程中，我国刚刚迈进解释规划式创新的边缘。从世界原始颠覆型创新的全流程看，创新的关键起始阶段仍然不在国内而在国外，总体上中国所处的创新阶段只是原始颠覆型创新的一个中间环节。所以我们要从中国逆创新全流程的视角认识直觉突破式创新及解释规划式创新的特性。

第二章　原始颠覆型创新与超常型知识的功能

第一节　直觉突破式创新与超常型默示知识

原始颠覆型创新之所以从直觉突破式创新开始，而不是从逻辑推理式创新开始，原因在于从事直觉突破式创新阶段的人力资本所有者，具有最丰富的原始颠覆型创新所需要的核心知识——超常型默示知识，正是创新型人力资本所有者拥有的丰富的超常型默示知识，构成了直觉突破式创新生生不息的源泉。

经济发展中的知识大致可分成默示知识和明示知识。默示知识是不能够用语言和文字系统表达，但能通过个人的天赋、特长、经验、技能、手艺、兴趣、爱好、激情、灵感、顿悟发散性表达的知识。默示知识涉及那些只有个别人才掌握的知识，Polanyi 有一句著名谚语这样说道[①]："我们知道的远比我们能够表达的多。"这些知识很难向组织中的其他人传授，从而很难共享。默示知识可以分为常规型默示知识和超常型默示知识。常规型默示知识是一般人身上具有的特殊的技能、手艺和经验，如会修车。超常型默示知识是指具有经济和社会开创性价值的特殊天赋、灵感、兴趣、爱好和激情，如发明。

明示知识是可以用语言和文字系统表达的知识。分为常规型明示知识和超常型明示知识：常规型明示知识是在前人提出的知识的基础上进一步概述的知识，如自然科学和社会科学的各种教科书；超常型明示知识就是在大多数人还普遍处在未知状态下首次提出的知识，如爱因斯坦的相对论和纳什的博弈论。表 2-1 对各类知识的定义与典型例证进行了汇总比较。

---

① Polanyi M. Personal Knowledge: Towards a Post-Critical Philosophy. Chicago：University of Chicago Press，1958.

表 2-1　　各类知识的定义与举例

知识类别	超常型默示知识	常规型默示知识	超常型明示知识	常规型明示知识
定义	与天赋和灵感相关的、不能用语言和文字系统表达的知识	不能用语言和文字系统表达的特殊的技能、手艺和经验	在大多数人还普遍处于未知状态下首次提出的知识	在前人提出的知识的基础上进一步概述的知识
举例	发明	修车	爱因斯坦的相对论和纳什的博弈论	一般自然科学和社会科学的教科书

　　超常型默示知识的提出是人类知识理论极其重要的进步，因为没有超常型默示知识的概念，我们不能论证原始颠覆型创新的根源。超常型默示知识是内隐在常规型默示知识中的，而默示知识隐含在明示知识中，明示知识可用语言和文字表达，而默示知识只能以个人的经验技能以及兴趣爱好来表达。这两种知识交融在一起，却以不同的表达方式显现。按照这样的显现方式，我们如何辨识超常型默示知识呢？既然超常型默示知识是个体行为体现型知识，个体行为体现的类别也就是超常型默示知识的类别，其可分为天赋本能、个性特长、兴趣爱好、激情梦想、创意灵感等。

　　直觉突破式创新过程清晰显现超常型默示知识的结构关系：天赋本能——遗传基因，个性特长——主体基础，兴趣爱好——个体动力，激情梦想——持续愿景，创意灵感——成就目标。超常型默示知识类别如图 2-1 所示。

图 2-1　超常型默示知识的类别

　　超常型默示知识的本质是具有未来探索性的知识，是隐秘的潜在型知识、行为体现型知识、能动创造型知识，从而是原始型创新最需要的知识。超常型默示知识的最大特质是具有想象力。由于人类知识认知的局限性，特别是缺乏对超常型默示知识的认识，很多人甚至很多伟大的科学家都不把想象力当成知识，连爱因斯坦都这样认为，他说："想象力比知识更重要，因为知识是有限的，而想象力概括着世界上的一切，推动着进步，并且是知识进化的源泉。严格地说，想象力是科学研究的实在因素①。"正因为高度重视想象力，所以爱因斯坦指出了想象力在科学研究中的重要作用，但是他却把想象力与知识隔离开来，这实际上是错误的。想象力是知识的一种，是最重要的知识——超常型默示知识，爱因斯坦没有意识到这一点，可见人类对知识认知的局限性有多严重。不仅爱因斯坦没有意识到超常型默示知识对原始颠覆型创新的至关重要性，甚至没有认识到自己存在的超常型默示知识使得了他提出广义相对论，是实实在在的原始颠覆型创新。迄今为止，创新实践家和创新理论家都没有把超常型默示知识对于原始颠覆型创新的作用解释清楚。

　　依我之见，想象力本身就是最重要的超常型默示知识，而我们平时以为是知识的知识，只是用语言和文字系统表达出来的知识。只有在超常型默示知识的主导与组合下，其他知识才能成为原始颠覆型创新的资源。想象力最有效的机能就在于它能跨越时间与空间的局限，使知识不断得到扩充、拓展、延伸、进化、更新和增值。它是潜在的、能动的生产力。一部科学发明史可以说是人类想象力的发展史。历史上有些被认为是最荒谬的想象往往成为人类的创举，想象力能够使知识的效益和功能最大化，想象是知识系统中的纲领型知识，能够让知识创造出许许多多人间奇迹。人类发展进化的历史能够证明这一论点：正因为想象力的引领，19世纪中叶，法国科幻大师凡尔纳在科幻小说中描绘了潜水艇、登月飞行、高速列车，后来这些都成为现实。没有想象力的作用，再多的知识也不可能成为创举。当一只苹果从树上掉下来，牛顿悟出了万有引力；当水蒸气把壶盖顶起来，瓦特看到了别人看不到的力量；当莱特兄弟梦想能像鸟一样在空中飞翔，他们的飞机便获得了起飞的动力。所谓美国是原始颠覆型创新国家，实际上是指美国率先步入一个由想象力和创造力主宰的新经济阶段，通过创新来推动发展。通用电气前首席执行官韦尔奇说过："创造力和想象力放在企业的环境中就是创新。"人类发展史正是具备了超凡的想象力，人类才有超凡的创举，人类才会有今天和未来。超常型默示知识是原始颠覆型创新的核心知识资源。

　　从超常型默示知识的特点可以看出，默示知识由于不能用语言和文字系统表达出来，而是通过个人的天赋、经验、兴趣爱好等行为习惯表达出来，所以是一种主体性知识，甚至是主观性知识，很难进行评价或评估。超常型默示知识是别人无法管理的知识，虽然超常型默示知识拥有者也需要社会和他人的帮助，但是它是自己自我开发、自我探究、自我实现的知识。而明示知识由于能够用语言和文字表达出来所以是一种客观知识，它是可以有外界一定程度的评估或评价的，但是关键的难点在于默示知识是隐藏在明示知识中的，所以外界的管理如何保护

---

　　① 郭柏枝. 试论爱因斯坦的想象力——狭义相对论创立过程中的形象思维. 湖南师范大学自然科学学报，1983，（1）：137-139.

默示知识尤其是超常型默示知识是创新的关键。

从超常型知识的生命周期分布规律看，原始颠覆型创新最重要的超常型默示知识更多地体现为现实实践型探求未来的知识，更多地存在于儿童和年轻人身上，而超常型明示知识往往存在于中老年人身上，更多地体现为理论或经验型总结过去的知识。能够进行直觉突破式创新的年轻人拥有的超常型明示知识往往比不上中老年人，甚至在常规知识的拥有上也不如中老年人，但是在超常型默示知识的拥有上，却比中老年人更有优势。在中老年人的超常型明示知识的辅佐下，年轻人的超常型默示知识可以产生巨大的经济和社会价值，这就是人类知识分布的多样性和复杂性，也是知识经济时代资源要素构成的复杂性、多样性。科学技术理论创新的实践和科学技术产业化创新的实践都能证明这一点，目前我们对于这种复杂性和多样性的了解还非常肤浅。

从科学技术理论的创新历史看，年轻的科学家与科技爱好者在特定环境下依靠天赋特长、兴趣爱好对自然与社会事物进行敏锐的观察、丰富的联想、准确的类比、深刻的预见，从而进行自然科学与社会科学的理论创新。年轻人从事的原始颠覆型理论创新往往有这样一些特点[①]：一是没有事先的计划推进。超常型默示知识具有本人都难以发现的潜在性和个体性，包括灵感、爱好、天赋、潜能等，不能用文字来表述，他人更难以发现，所以难以计划推进。明示知识通常适用于以前的问题或事物，但是当遇到新的问题时，创新主体需应用超常型默示知识，突破常规的分析方法和视角。二是难以定量评价。超常型默示知识是非线性的无序运动，大部分不能依靠逻辑判断和分析，或者说是超逻辑判断与推理的高级思维，创新主体失败的可能性很高，使得科技创新难以进行定量分析评价，更难以给出投入产出评估。三是难以准确预测。原始创新通常借助于灵感，具有跳跃性特点，直觉性思维运用演绎类比的方法，超越创新所需的常规逻辑阶段，甚至得出与其相反的结论，所以难以准确预测。四是难以把握细节。科技创新通常由某一事物和现象模糊性启发为先导，然后依靠直觉性思维进行类比和联想，从整体上把握创新对象，而不是着眼于细节的考察和分析，形成科技创新的起点。由于超常型默示知识转化为明示知识之后其功能开始不断下降，如果没有新的超常型默示知识引领科技潮流，科技创新会放缓。而新的超常型默示知识存在于稚嫩的年轻人身上，科技创新主体通常为年轻人，所以科研投入主体只有对其如幼苗般呵护、鼓励其成长，才能不断引领新的科技创新潮流，其所产生的原始颠覆型理论创新也更显著。

从人类理论创新的历史看，年轻人是基础研究的主体。图 2-2 对世界重大科技创新成果出现时科学家的年龄进行了统计。

---

① 周友刚. 论建立支持创新的金融支持体系. 中国人民大学博士学位论文, 2014.

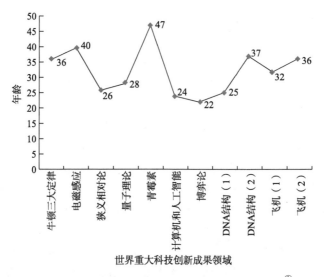

图 2-2 世界重大科技创新成果出现时科学家年龄[①]

从科技成果应用的产业创新的实践看，天使投资、风险投资也是更多地投资于年轻人，原因在于年轻人的超常型默示知识是原始颠覆型产业产生，实现产业创新的主要资源。一个显而易见的现象是硅谷著名高科技企业创立者的年龄一般不超过 30 岁（表 2-2），成功的奥秘就是硅谷为年轻人运用超常型默示知识创新创业提供了其他地区所无法比拟的制度环境。

表 2-2 硅谷著名科技企业创立者的年龄统计

公司	成立时间	创始人	年龄
Oracle	1977	Larry Ellison	33
Apple	1976	Steve Jobs	21
		Steve Wozniak	26
Cisco	1984	Len Bosack	29
		Sandra Lerner	29
Sun	1982	Vinod Khosla	27
		Bill Joy	28
		Andy Bechtolsheim	26
		Scott McNealy	28

---

① 周友刚. 论建立支持创新的金融支持体系. 中国人民大学博士学位论文，2014.

续表

公司	成立时间	创始人	年龄
Google	1998	Larry Page	25
		Sergey Brin	25
eBay	1995	Pierre Omidyar	28
		Jeff Skoll	30
Yahoo	1995	David Filo	29
		Jerry Yang	27
Netscape	1994	Marc Andreessen	23
Intel	1968	Robert Noyce	41
		Gordon Moore	39
		Andy Grove	32
HP	1939	Bill Hewlett	26
		David Packard	26

资料来源: Lebret H. Start-Up: What we may still learn from Silicon Valley. Charleston: Createspace, 2007

中国越来越多的 30 岁以下创业者也开始涌现, 表 2-3 是 2017 年福布斯中国 30 位 30 岁以下精英榜的部分名单, 年轻人正成为创新创业的主力军。年轻人中存在着大量的超常型默示知识, 这可以解释为什么很多年轻人不能从理论上系统地表达自己的知识, 但是却能够凭借激情和天赋进行创新创业。

表 2-3　2017 年福布斯中国 30 位 30 岁以下精英榜（部分）

行业	姓名	年龄	公司名称及职位
企业科技	宋师伟	29	齿轮易创/创始人、CEO
	李平	27	赤子城/联合创始人、COO
	荆天为	28	Ruff/CMO
	陈安妮	24	快看漫画/创始人、CEO
	陈震	24	速感科技/CEO
医疗、健康和科技	宫勇吉	28	北京航空航天大学/教授、博士生导师
	高鹏	28	北京大学/研究员
	董雷霆	29	北京航空航天大学/教授、博士生导师

续表

行业	姓名	年龄	公司名称及职位
医疗、健康和科技	张博	29	Apostle Inc（使徒公司）/联合创始人、化学副总裁
	郑鹏	29	南京大学/教授、博士生导师
工业、制造、能源和环保	刘一锋	22	八度阳光/CEO
	邓耀桓	28	蓝胖子机器人/CEO
	张浩	29	蓝胖子机器人/CTO
	邱伯谦	29	妙盛动力/创始人
	刘疏桐	29	道兰环能 Motioneco/创始人、CEO
消费科技	陈永强	25	深圳岚锋创视网络科技有限公司/联合创始人
	孙宇晨	26	陪我欢乐（北京）科技/创始人
	陆文勇	29	北京壹代家庭服务 e 袋洗/联合创始人
	余仁集	27	北京蝉鸣视觉科技有限公司/创始人、CEO
	冷晓琨	24	乐聚（深圳）机器人技术有限公司/创始人

资料来源：福布斯.2017 福布斯中国 30 位 30 岁以下精英榜. http://www.sohu.com/a/238258490_475976，2018-06-28

第二节　原始颠覆型创新中的知识动态组合

从原始颠覆型创新过程的时间状态看，超常型默示知识在各阶段的作用方式是不一样的。超常型默示知识是原始颠覆型创新的最重要的知识，它是启动原始颠覆型创新起步阶段——直觉突破式创新的主导知识。

在直觉突破式创新阶段，超常型默示知识是在能够从事原始颠覆型创新的个体中萌发的，超常型默示知识有个体性、潜在性特征，不能用文字和语言系统表达。萌发的方式就是原始颠覆型创新个体在兴趣爱好、试错探索基础上形成一个个模糊的创意灵感，甚至还没有到达创意灵感的程度，只是对未来的一个猜测和梦想。超常型默示知识的萌发具有显著的主体性，甚至主观性，即便拥有者个人都很难完全认识到，其他人更难事先发现，一开始都是凭借直觉突破式创新者在自我探索、自我开发的过程中的自我认知。萌发过程实际上也是探索、反思、实验、失败，再探索、再反思、再实验、再失败、再探索，直至成功的过程。只有自我探索、自我开发，才能知道自己到底是否拥有超常型默示知识，也才能知道拥有的知识类型是什么，拥有的程度是多少。超常型默示知识还具有模糊性、试错性特征，连拥有者自己在自我发现后都不能及时地给出定量分析和投入产出预测，考虑到对超常型默示知识的分析评价异常困难，萌发一定是在公平竞争的环境中自我开发、自我认知的结果。这是在众多的常规型默示知识拥有者中冒出超常型默示知识拥有者的一个尝试期、失败期、扶持期。尝试着的爱好、灵感、兴趣、特长都可以实验，即使失败也可以重新选择。多次选择和重新选择的过程中完成对自身超常型默示知识的自我认知。探索、实验、失败、反思是在激烈的市场竞争与社会竞争中进行的，超常型默示知识不断萌发的自生长过程也是激烈竞争的过程，而不是政府行政直接选拔的过程，所以超常型默示知识拥有者是脱颖而出的。

从主体特征看，超常型默示知识虽然有天赋本能、个性特长的自然遗传，但是却也需要兴趣爱好、激情梦想的社会孵化。超常型默示知识的瞬间萌发，是以常规型知识的长期学习为积淀的。常规型默示知识和常规型明示知识是知识系统中的根基，常规型默示知识作为主体的主观基础知识，为超常型默示知识的应用提供主体条件，常规型明示知识为客观基础知识，为超常型默示知识的应用提供客观条件。从主体源头角度看，常规型默示知识是超常型默示知识的蓄水池与超常型默示知识的生长源。知识往往由天赋本能、个性特长等先天遗传因素决定，从常规型默示知识中逐步长出超常型默示知识，当然不是所有的常规型默示知识都必然能长成超常型默示知识，实际上从常规型默示知识到超常型默示知识的长成比例不到30%。否则，超常型默示知识拥有者就不可能是稀缺资源了。而常规型明示知识则成为超常型默示知识能够起主导作用的客观根基，表示超常型默示知识在常规型明示知识习得中的社会积累。从超常型默示知识的来源看，常规型明示知识和常规型默示知识为超常型默示知识的萌发积淀起着基础的作用。年轻人的超常型默示知识具有脆弱性甚至转瞬即逝性，需要已经将上一轮超常型默示知识抽象为超常型明示知识的专家学者对年轻人的引导和扶持，让他们充当培育年轻人的主角。所谓引导，是超常型明示知识的学习才能激发年轻人的超常型默示知识，所谓扶持，就是年轻人的超常型默示知识被激发后，需要超常型明示知识拥有者的帮助支持才能实际应用。从实践状态看，超常型明示知识的培育才能使超常型默示知识的萌发成为可能。

在解释规划式创新阶段，是超常型默示知识从个体萌发进入社群集聚阶段。依据超常型默示知识的特点，一开始其不可能被社会大众及时理解接受，只能先从个体超常型默示知识的萌发进入社群超常型默示知识的集聚，也就是具有超常型默示知识的个体之间的理解认可，才可能向社会显示与传播，也才能为具体设计原始颠覆型创新的学术目标、新型产品、独特的服务模式提供具体化、清晰化的设计。在解释规划式创新阶段：个体萌发的超常型默示知识在相关的创新群体中对话阐析、沟通交流、释疑解惑、理解认可、共识合谋，实际上是不同超常型默示知识个体之间的知识合作与知识集聚，在知识合作与知识集聚中，个体分散的超常型默示知识开始成为社群集聚的超常型默示知识。一群具有同样天赋特长、兴趣爱好、激情梦想、创意灵感的超常型默示知识拥有者通过战略规划、开放设计、解释对话、求同存异，实现包容共创。从超常型默示知识应用的时间状态看，是从直觉式创新个体向社会直觉式创新群体开放中交流的过程。比如，生产者与消费者，设计者与客户，管理者与员工，学者与大众，思想家与政治家。如此多的市场与社会主体介入解释规划式创新对话交流的过程中，各种层面的知识融入该阶段，如此多个体的超常型默示知识拥有者在与相关联者对话、交流、协商、妥协等解释规划式创新的运作中，设计新颖的创新产品，建立出奇的服务模式，将模糊的创意灵感升华为清晰的产品与服务。不同群体的超常型默示知识在解释对话中逐步外化为社群化的超常型默示知识，而不是社会化，是因为超常型默示知识存在于社会中最具直觉突破式创新能力的群体中，而不是广泛地存在于社会大众中，无论是探索新的科研项目、实验新的科研技术、启动新的设计、创造新的产品、开辟新的生产生活方式，一定存在着引领者群体。

如果说直觉突破式创新阶段是从时间状态体现超常型默示知识的积累过程。那么解释规划式创新阶段是从空间状态体现，萌发在个体的超常型默示知识如何从个体知识演化为群体知识。个体的直觉创意需要通过具有不同背景和观点的群体之间的对话来获得认可理解，并在一个更广泛的背景中加以实现。对话中的异见歧义正是创意的源泉，如果对话很快结束，这些创意的源泉也就干涸了。解释规划性对话是一个开放式过程，持续进行，或许有起点但没有真正的终点。

在逻辑推理式创新阶段，已经社群化的超常型默示知识进一步外显为社会化的超常型明示知识。超常型默示知识第一时间以一种通俗明白的语言进行传播，目的是具体地把设计规划加以实现。隐蔽、内向的超常型默示知识社会化为公开、外向的超常型明示知识，便于逻辑推理式创新的具体进行，是超常型默示知识的正外部化，有利于超常型默示知识对常规型知识的牵引与提升。由于超常型默示知识的个体性、潜在性特点，想要社会大众快速接受超常型默示知识是不现实的。从个体萌发到群体共识是一个必经阶段，而从群体共识到社会认可是超常型默示知识从内隐到外显的结果。外显的超常型明示知识是社会大众操作型创新知识，可以为具体的学术目标、产品建造和服务模式的运行进行材料、工艺、技法、流程等操作型创新的知识，将解释规划式创新阶段的创新设计目标加以实施，具体制作出来，成为最终的理论成果、产品或服务。逻辑推理式创新阶段是原始颠覆型创新重要的具体落实阶段。这一阶段是在具体创新目标确定之后，围绕着产品与服务模式的生产过程与生产质量而进行的创新，直觉突破式创新与解释规划式创新阶段是从 0 到 1 的确立新目标创新，而逻辑推理式创新是从设计的 1

到现实的 N 的具体方法的创新。这时候的创新是具体材料应用、具体生产方法、具体生产工艺，或具体操作模式的创新了。超常型默示知识在默契沟通中慢慢也开始向超常型明示知识演化，超常型明示知识是超常型默示知识的抽象和提炼，是超常型默示知识的趋势走向，因为超常型明示知识的显性化和系统化使人们理解和接受超常型默示知识，使原始颠覆型创新顺利进行。超常型默示知识的流动趋势是超常型明示知识，此时超常型知识应用的作用效果，是让具体的产品规划服务模式能够清晰地制定出来。

逻辑推理式创新是超常型明示知识的直接应用，通过超常型明示知识的应用，在实践探索中将产品或服务模式生产出来。与直觉突破式创新与解释规划式创新相比较，在这一创新阶段，"无中生有"的激情还是需要的，但更需要的是一丝不苟的工程、工艺及流程制造。用一丝不苟的精神找出新的方法、新的工艺、新的模具、新的标准、新的形态、新的功能。从知识应用的层次看，超常型明示知识之所以能够提供必要的知识，是因为超常型明示知识是能够用语言和文字表达的知识，能够给逻辑推理式创新提供足够明确的知识依据，是让解释规划式创新形成的创意灵感能够落实在具体的产品和服务的知识。超常型明示知识成为逻辑推理式创新阶段的主导知识。从知识应用的动态趋势看，强超常型明示知识在应用过程中逐步成为弱超常型明示知识。因为超常型明示知识的应用被大家接受后会逐步由强变弱甚至变为常规型明示知识。没有解释规划式创新阶段社群化的超常型默示知识，不可能产生逻辑推理式创新阶段的超常型明示知识。从超常型知识的外在化视角看，逻辑推理式创新阶段将进一步促使超常型明示知识与常规型明示知识在适度引领中合作，有利于社会大众的生产操作性创新。

逻辑推理式创新中的超常型明示知识运作与解释规划式创新中的超常型默示知识运作往往被混淆，如逻辑推理式创新与直觉规划式创新中的对话体现了原始颠覆型创新主体沟通对话的不同层面，先有解释规划式创新阶段的异见歧义对话，才有逻辑推理式创新的具体实施的对话。但在现实创新过程中，往往会忽视解释规划式创新的多元对话，直接进入逻辑推理式创新的一元对话。

在推广扩散式创新阶段，超常型明示知识在逐渐普及为常规型明示知识的同时内隐为新一轮的常规型默示知识。普及与内隐是同时进行的，这对于我们研究超常型默示知识外显为超常型明示知识后对常规型知识的牵引和提升，推动整个社会的知识从较低层次向较高层次螺旋式递进至关重要。推广扩散式创新阶段，将已经生产出来的产品或服务模式推向市场，或推向社会。由于原始颠覆型创新产生的产品或服务是突破人们常规认知的，甚至是逆常规认知的，人们对陌生的产品或服务模式有一个观察、质疑、犹豫，甚至拒绝的时滞期，如何让社会大众能够接受、认可甚至喜欢新产品、新服务，如何使超常型知识拥有者的创新成果被常规型知识拥有者的大众接受，需要推广扩散式创新，这一阶段的创新是关于推销方式的创新、传播方式的创新。让消费者接受原始颠覆型创新的产品或服务，并不是一蹴而就的事情，推销、传播、宣传本身是需要创新的。由于推广扩散式创新面对的是社会大众、广大消费者，所以需要超常型默示知识与常规型默示知识，超常型明示知识与常规型明示知识之间的对接，用常规型知识拥有者能理解的语言方式去进行推广传播，是面向大众的阶段，如市场方法的创新、推销模式的创新。将超常型知识转化为常规型知识，可以提升在大众中的传播范围。推广传播的效果取决于超常型知识常规化的程度，如此可以解释中国改革开放之初，先进入了推广扩散式创新阶段，而不是直觉突破式创新阶段，因为推广扩散式创新阶段需要的知识门槛相对较低。

图 2-3 展示了原始颠覆型创新中各类知识的动态转化过程。

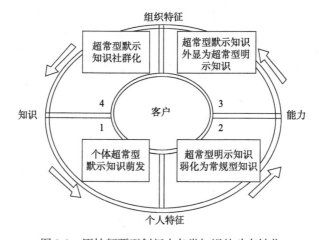

图 2-3　原始颠覆型创新中各类知识的动态转化

在原始颠覆型创新的各个阶段中，不同知识在不同阶段起到不同的作用，具体知识的动态组合结构蕴含于各个创新阶段的知识流动中，也体现在不同创新阶段创新主体的不同行为特征上。在整个原始颠覆型创新流程中超常型默示知识起主导作用，由超常型默示知识在不同的阶段串联起了各种不同层面的知识，形成原始颠覆型创新各阶段的知识主线，只是依据每一阶段创新的特殊要求和特殊功能，知识主线在每一阶段的主导作用强度是不一样的。在原始颠覆型创新中，最大众化的、最普及的常规型明示知识对于原始颠覆型创新是外在的，外在的客观知识要通过内在的主观知识起作用，而内隐的新一轮常规型默示知识孕育下一轮更高层面的超常型默示知识的内生，激发下一轮的原始颠覆型创新。从推广扩散式创新重新回到直觉突破式创新区间，常规型默示知识向超常型默示知识转化，以便原始颠覆型创新人才重新进入一个更高的想象力阶段，成为超常型默示知识的内隐化。启动新一轮的原始颠覆型创新流程，超常型默示知识与其他知识的分布结构决定了原始颠覆型创新的不同发展阶段。超常型默示知识负责突破，超常型明示知识负责提炼，从超常型默示知识到超常型明示知识，是原始颠覆型创新知识逐步显性化的过程，超常型默示知识是隐性的，超常型明示知识则是显性的。显性化说明原始型创意逐步被社会的创新者认可，接受创新进入逐渐清晰化目标的阶段。从超常型明示知识到常规型明示知识，是超常型明示知识社会化的过程，说明已完成从创新者接受到大众接受，从而可以进入具体创新目标的实行阶段。常规型明示知识内隐为常规型默示知识，说明新知识逐步地由社会知识内化为个人知识。从常规型默示知识到超常型默示知识，是知识的升华阶段，说明知识在试错的基础上，将个人内隐知识中最具创新力的知识提升为创新灵感，为原始颠覆型创新服务。这是原始颠覆型创新的客观过程中创新主体的知识转化流程，原始颠覆型创新的主客观过程就在知识的转换中达到了统一。

强调超常型默示知识在原始颠覆型创新中的作用，是不是其他知识在原始颠覆型创新过程中完全不重要，超常型默示知识可以单打独斗呢？不是的，超常型默示知识、超常型明示知识、常规型默示知识、常规型明示知识看起来只有在时间状态依次递进的知识在空间状态中存在着量子叠加现象，实际上构成了不同阶段的知识生态结构，不同的知识生态结构成为不同创新阶段的知识支撑（图2-4）。

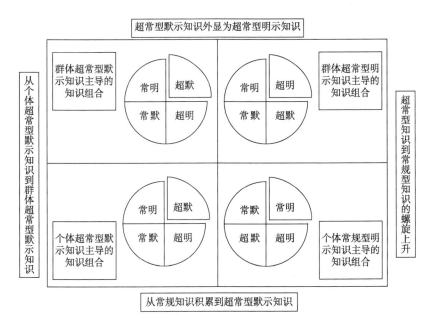

图 2-4 原始颠覆型创新各阶段的知识动态组合

　　超常型默示知识是原始颠覆型创新的核心资源，承担原始颠覆型创新的启动，贯穿于原始颠覆型创新的整个流程。但是由于超常型默示知识具有脆弱性、转瞬即逝的特点，不会自然而然地起作用，必须要在一定的制度生态中起作用，也就是说超常型默示知识的应用转化表面上看是创新主体个人可以应用的过程，实际上是社会、制度生态共同作用的结果。没有适应超常型默示知识应用的制度生态提供基本环境，个人的超常型默示知识就可能被抑制，甚至可能被消磨殆尽。在原始颠覆型创新的不同阶段，适应不同创新阶段超常型知识应用要求的不同制度生态是不同的：在直觉突破式创新阶段，这是超常型默示知识个性化萌发的阶段，需要思考如何能够让具有原始颠覆型创新能力的人才把超常型默示知识应用起来，其所需要的制度生态是激励想象力的自由、鼓励试错探索、保护创意灵感的制度生态；在解释规划式创新阶段，个体的超常型默示知识向群体超常型默示知识集聚，此时需要思考如何让个体的超常型默示知识在群体中能够交流，需要自由宽松的多元交流、不同创意表达、协商对话的制度生态；而在逻辑推理式创新阶段，需要思考如何使创新产品或服务运行的操作标准化与专业化，需要专业化分工与合作的生产制度生态；在推广扩散式创新阶段，需要思考如何有效推广创新的产品与服务，需要公平竞争与社会制衡的市场制度生态。我们研究原始颠覆型创新流程中超常型知识的运用过程需要把个体的主观知识与一个群体的客观制度生态组合起来。

　　从原始颠覆型创新的循环过程看，经过推广扩散式创新后，新一批年轻人又在专家学者超常型明示知识的引导下进行新一轮直觉突破式创新。从原始颠覆型创新的实际启动阶段看，超常型默示知识处在超常型明示知识之前，超常型默示知识通过一定时间的积累，可以生成为超常型明示知识，然后又有新的超常型默示知识产生；超常型明示知识和超常型默示知识各自相对独立存在，既有一个互相联系的关系，也有一个互相转化的关系。虽然年轻人的超常型默示知识是直觉突破式创新的源头，超常型默示知识的发掘与使用是需要社会环境的，特别是需要超常型明示知识的辅佐，儿童、年轻人的超常型默示知识与中老年人的超常型明示知识具有相互辅佐的关系：超常型默示知识虽然精彩，但是超常型默示知识首先是作为潜在的形式存在于儿童、年轻人中，存在形态非常脆弱易逝，需要中老年人的扶持和保护。中老年人的扶持像阳光，他们用已有的超常型明示知识引导稚嫩的超常型默示知识成长；也像土壤，用常规型明示知识和常规型默示知识为超常型默示知识的生长奠基培土。这样，儿童和年轻人身上的超常型默示知识才能存活，最终长成参天大树。我们强调超常型默示知识在直觉突破式创新中的主导作用，但是超常型默示知识本身不能单独进行直觉突破式创新，而是需要与超常型明示知识、常规型知识形成知识的合作结构。超常型默示知识的生长源于超常型明示知识的培育，而年轻人超常型默示知识的应用也需要中老年人将其总结抽象为超常型明示知识。具体体现在在原始颠覆型创新之前对超常型默示知识的引导，以及原始颠覆型创新后对成果的总结、提升。可见专家学者与年轻人之间的相辅相成，形成超常型默示知识与超常型明示知识之间的知识互补与转化流程。超常型明示知识的拥有者是专家学者，专家学者是将过去的超常型默示知识上升为超常型明示知识，然后指导年轻人挖掘自己的超常型默示知识。专家学者的超常型明示知识对年轻人具有指导和识别功能，专家学者的超常型明示知识对于处在萌芽期的超常型默示知识有鉴别、发现、培育、引导、扶持、保障的巨大功能。让专家学者成为年轻人超常型默示知识的发现者、培养者、资源配置者是知识人事制度的运行特点。如果说有自己独立研究成果的优秀的教师是典型的超常型明示知识拥有者，那么凡是超常型明示知识拥有者多的学校，年轻人的创新创业就有更多可能：斯坦福大学商学院光从学生人数来说，总共有 720 名 MBA 学生，但其为期 10 个月的企业管理人才培训计划，每年从全世界只招收 50 人左右。斯坦福商学院要求学生有一定的理论深度，因为它相信，商学院的毕业生应该从商学院的教育中至少受益二十年。也就是说，他们不仅应该了解他们在毕业后会面临什么样的商业世界，而且也应该有足够的才智来应付二十年以后经过了变化的商业世界。斯坦福商学院在强调实际管理经验的同时，也强调对经济、金融、市场运转等理论的长期性研究，研究成果也比其他一流商学院更多一些。过去几十年来，这所商学院好几位教授的研究成果，都获得了诺贝尔经济学奖。同时，斯坦福商学院在近年来的教学中特别强调高科技的运用。很多课程的内容都涉及如何创立高科技公司，如何在某个行业或大企业实行技术转变，以及如何运用新技术来开发新产品等。为此，学校每年要从硅谷等地邀请很多高层企业管理人员来为学生授课，讲述他们的实际经验。而很多 MBA 学生在念书的时候，就开始参加硅谷小公司的商业计划、发展和管理，在没有毕业时就和这些公司建立了密切的联系。

专家学者也是将年轻人的超常型默示知识上升为超常型明示知识的主体。年轻人的超常型默示知识不能用语言和文字系统地表达，只有先在实践的过程中体现出来，专家学者将实践中的超常型默示知识提炼成超常型明示知识，将原本不能用语言和文字系统表达的知识变成可以用语言和文字系统表达的知识，带动拥有常规型知识的人力资本所有者，由此形成全国的创新局面。因此将超常型默示知识的个体性、潜在性特点提升为现实性、群体性特点，为超常型知识的社会认可和社会传播奠定了基础；将具有模糊性、试错性特点的超常型默示知识提升为具有清晰性、规范性的超常型明示知识，将经验上升为理论；将具有变动性、发散性特征的超常型默示知识提升为具有内聚性、稳态性的超常型明示知识，减少了人们创新创业的时间成本。专家学者对超常型默示知识的提炼揭示了科技和社会发展的内在规律，减少了人们在处理人与自然关系、人与人关系、人与自我关系中的盲目性，将专用性、依存性的超常型默示知识提升为一般性、规律性的超常型明示知识，增加人们的自觉性；专家学者对超常型默示知识的提炼也揭示了人们在未来探索中的问题及根源，激励人们产生面对未来解决现实问题的动力。专家学者将超常型默示知识、超常型明示知识到常规型知识的流程节点打通，使直觉突破式创新—解释规划式创新—逻辑推理式创新—推广扩散式创新形成了完整的原始颠覆型创新流程。发动原始颠覆型创新的超常型默示知识终究要被提炼为超常型明示知识，而且只有在被提炼后才能逐渐成为被大众认可的理论、机制、产品或服务，从而产生经济和社会价值。所以年轻人在超常型默示知识的运用过程中必然要自我提炼，将处在模糊和隐蔽状态的超常型默示知识概括为超常型明示知识。这样就将社会知识的链条有机地串联起来，在串联起社会知识链条的同时，也搭建起创新经济的利益链条。将创新者到一般大众的知识流循环过程与创新者创新成果走向市场和社会有机结合起来[1]。

原始颠覆型创新的流程与知识分布的关系可以构建一个简单的模型[2]。原始颠覆型创新是指在自然规律或者人与自然、人与人关系的方面出现的全新的、有影响力的、具有开创意义的创新，是模仿型创新或者改良型创新的基础。我们将单一的点子或者想法定义为一个"创新单元"，总体来看，原始颠覆型创新是由若干个"创新单元"组成的综合体。

$$C=\sum_{i=1}^{N}c_i \qquad (2\text{-}1)$$

其中，C 为一单位的原始颠覆型创新的价值表示，c_i 为该创新中包含的某一个创新单元创造的价值表示，该创新中包含的创新单元数量为 N。

每个"创新单元"中包含若干个"知识单元"。知识可以分为四种类型，分别是超常型默示知识、常规型默示知识、超常型明示知识、常规型明示知识。那么，在每个"创新单元"中，四种知识的权数分布是存在差异的。

$$c_i=\sum_{j=1}^{4}\omega_{ij}K_{ij}\left(\sum_{j=1}^{4}\omega_{ij}=1\right) \qquad (2\text{-}2)$$

其中，K 为知识单元，j 为该知识单元的种类，ω 为该创新单元，j 为该类知识单元所占的权数。

根据原始颠覆型创新流程的四个阶段，原始颠覆型创新的发展大致划分为四个层面，分别是孵化期、出生期、成长期和成熟期，相当于直觉突破式创新、解释规划式创新、逻辑推理式创新、推广扩散式创新。原始颠覆型创新的源头更多

---

① 陈金伟，苗建军. 模块化时代垄断效率研究. 产业经济研究，2008，（6）：23-27.

② 张蕾. 对中国原始型创新发展的思考. 中国人民大学国民经济学博士生创新研讨课作业，2015.

的源于人的兴趣、爱好、天赋、灵感、激情；同时在其产生影响或者成长的过程中，更多地依赖于创新者或者创新团队解决问题的能力、对未来形势的判断、对事物和已有观点的坚持等方面的个性品质；在原始颠覆型创新的成熟阶段，则更多地依赖于创新团队本身的市场需求的结合、制度环境对创新的保护和发展等。因此，原始颠覆型创新与个人或者团队的特质息息相关。具体到时间维度上，可以用"技术扩散模型"进行描述（图2-5）。

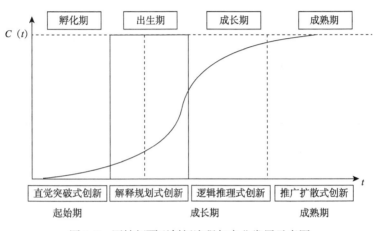

图 2-5　原始颠覆型创新流程与产业发展示意图

$$C(t) = \frac{\alpha}{1 + (t\lambda)^p} \tag{2-3}$$

其中，t 为原始颠覆型创新发展的阶段，λ 为相关的影响变量，α 为本单位的原始颠覆型创新产生的最终效果（可以用货币价值或者影响力进行衡量）。

根据以上研究思路，我们可以用两种不同的研究思路对原始颠覆型创新的价值与知识分布进行衡量。

方法一：以式（2-2）为基础，离散型的知识分布特点。

我们按照原始颠覆型创新的发展流程分析其知识分布的规律。在原始颠覆型创新的直觉突破式创新阶段与解释规划式创新阶段，企业处在孵化与出生阶段，默示型知识在创新单元中所占的比重较大，特别是超常型默示知识所占的比例。因此，在原始颠覆型创新的起始阶段，知识分布情况的静态表示如式（2-4）所示，其中每一知识单元中默示知识的分布大于明示知识，且超常型默示知识占比大于等于常规型默示知识占比，用公式表示为：$\omega_{i1} + \omega_{i2} > \omega_{i3} + \omega_{i4}$；且 $\omega_{i1} \geq \omega_{i2}$。

$$C = \sum_{i=1}^{N_1} c_i = \sum_{i=1}^{N_1} \sum_{j=1}^{4} \omega_{ij} K_{ij} \tag{2-4}$$

同理，在原始颠覆型创新的逻辑推理式创新阶段，默示型知识与明示型知识在创新单元中所占比重相差不大，一部分超常型默示知识转化为超常型明示知识。企业处在原始颠覆型创新的成长阶段，知识分布的静态表示如式（2-5）所示，其中每一知识单元中默示知识与明示知识占比应该是大体相当的，且以超常型明示知识与常规型默示知识为主，用公式表示为：$\omega_{i1}+\omega_{i2}=\omega_{i3}+\omega_{i4}$；且 $\omega_{i2}+\omega_{i3}>\omega_{i1}+\omega_{i4}$。

$$C=\sum_{i=N_1+1}^{N_2}c_i=\sum_{i=N_1+1}^{N_2}\sum_{j=1}^{4}\omega_{ij}K_{ij} \tag{2-5}$$

在原始颠覆型创新的推广扩散式创新阶段，明示型知识在创新单元中所占比重超过默示型知识，明示型知识开始在创新过程中承担主要角色。其中，超常型明示知识仍然在创新过程中占主要角色。因此，在原始颠覆型创新的成熟阶段，知识分布的静态表示如式（2-6）所示，其中每一知识单元中明示知识分布占比应该是高于默示知识的，且以超常型明示知识为主，用公式表示为：$\omega_{i1}+\omega_{i2}<\omega_{i3}+\omega_{i4}$；且 $\omega_{i3}>\omega_{i4}$。

$$C=\sum_{i=N_2+1}^{N_3}c_i=\sum_{i=N_2+1}^{N_3}\sum_{j=1}^{4}\omega_{ij}K_{ij} \tag{2-6}$$

综上所述，如果将三个阶段看作是离散的时间段，原始颠覆型创新的知识分布情况可以描述为式（2-7）的形式。其中 $N_1+N_2+N_3+N_4=N$，分别表示 T_1、T_2、T_3、T_4 阶段的知识单元数目。

$$C=\begin{cases}\sum_{i=1}^{N_1}\sum_{j=1}^{4}\omega_{ij}K_{ij} & \omega_{i1}+\omega_{i2}>\omega_{i3}+\omega_{i4},\omega_{i1}\geqslant\omega_{i2}\\ \sum_{i=N_1+1}^{N_2}\sum_{j=1}^{4}\omega_{ij}K_{ij} & \omega_{i1}+\omega_{i2}=\omega_{i3}+\omega_{i4},\omega_{i2}+\omega_{i3}>\omega_{i1}+\omega_{i4}\\ \sum_{i=N_2+1}^{N_3}\sum_{j=1}^{4}\omega_{ij}K_{ij} & \omega_{i1}+\omega_{i2}<\omega_{i3}+\omega_{i4},\omega_{i3}\geqslant\omega_{i4}\end{cases} \tag{2-7}$$

当时间为连续变化，且 N_m（$m=1$，2，3，4）随时间变化时，一单位原始颠覆型创新产生价值的知识分布情况可以描述为式（2-8）的形式，其中 $T_i=\beta_i*N_i$。

$$C=\begin{cases}\int_{i=T_0}^{T_1}\sum_{j=1}^{4}\omega_{ij}K_{ij} & \omega_{i1}+\omega_{i2}>\omega_{i3}+\omega_{i4},\omega_{i1}\geqslant\omega_{i2}\\ \int_{i=T_1+1}^{T_2}\sum_{j=1}^{4}\omega_{ij}K_{ij} & \omega_{i1}+\omega_{i2}=\omega_{i3}+\omega_{i4},\omega_{i2}+\omega_{i3}>\omega_{i1}+\omega_{i4}\\ \int_{i=T_2+1}^{T_3}\sum_{j=1}^{4}\omega_{ij}K_{ij} & \omega_{i1}+\omega_{i2}<\omega_{i3}+\omega_{i4},\omega_{i3}\geqslant\omega_{i4}\end{cases} \tag{2-8}$$

方法 2：以式（2-3）为基础，时间序列上的知识分布特点。

同样考虑四种知识的分布情况占比，将四种知识的权数作为参数 λ 的构成情况构建不同时间点上的矩阵，具体表示为式（2-9），其中，$X^{\mathrm{T}} = （\omega_1, \omega_2, \omega_3, \omega_4）$：

$$\ln \lambda = \mathrm{B}'X \tag{2-9}$$

第三节 原始颠覆型创新过程中的知识流动与经济效益的形成关系

原始颠覆型创新中超常型默示知识从直觉突破式创新阶段开始流动，经过解释规划式创新与逻辑推理式创新，最后进入推广扩散式创新，知识逐步常规化。原始颠覆型创新过程在现实生活中表现为科学研究—技术开发—实验中试—小规模量产—大规模需要导致大规模生产—上下游企业供需链形成—产业价值链条扩展的整个过程。如何将这一个过程用统一的经济术语计量出来，知识流动的过程就是原始颠覆型创新经济的运作过程，需要把知识的运作过程与经济的运作过程展现出来，以明确地计量知识尤其是超常型知识对经济增长的作用。虽然原始颠覆型创新的外部性显著存在，但是在市场经济机制内研究知识的价值，才能更好地研究外部性。在目前的经济学分析中，常规型知识通过常规型劳动的计价以及马克思的劳动价值论解决。而超常型知识拥有者对经济增长的价值计量问题我们还没有解决。没有计量它们的好方法，也就没有科学有效的制度设计，就不能使知识、技术、管理的活力充分迸发。

中关村巨加值科技评价研究院何小敏研究员及其研究团队，初步探索解决了从科学思想到技术应用再到经济产出之间的经济价值计量过程[①]。

从整个流程来看，创新要经过一个不断演变、转化的过程：现象、问题或需求激发了创意、知识或经验积累产生新的原理，经过不断尝试得到试验品、样品、产品、商品、畅销品。所有创新的目的都只有一个，满足人们日益增长的生产、生活需要。这既是市场经济规律，也是人类社会进步的规律。

任何一个科技项目（包括知识、技术、管理，下同）都可以视为一个 WBS（work breakdown structure）即工作分解结构。每一个 WBS 是由若干个 WBE（work breakdown element）工作分解要素组成，WBE 即是科研项目的交付物、

---

① 何小敏. 技术与创新的计量与评价. 武汉大学第九届科学计量学与科技评价研讨会演讲稿, 2016.

科技成果、技术载体，也是技术合同的标的。

将 WBE 归纳为 16 种，两大类。主成果（或主交付物）：硬件、软件、工艺、方法、商业模式、服务（可以直接产业化，易于变现）；副成果（或副交付物）：标准、专利、论文几种、著作、报告、培训、试验、图纸、文件、合同（很难直接产业化，不易变现）。常用的主要有硬件、软件、标准、专利、论文几种。科技的门类、领域、专业可以有很多种，但是交付物不外乎上文提及的 16 种。WBS 分解为 WBE 的主要作用就是确定新科技的载体（表达物或是交付物）。WBS 就好比一部机器，把它拆开来找出哪一个零件 WBE 是采用新技术制造的，那就是要计量和评价的对象：创新点的载体。

每一个 WBS/WBE 都有一组 QCD（quality 技术质量，cost 成本，delivery 进度）指标。QCD 构成了一个可以进行测量、计算的各类技术、成本、时间指标的量化集合概念，它描述了任何一个 WBS/WBE 某个时点的技术经济状态。任何一个 WBS/WBE 的 QCD 值变化的记录，就是其"成长记录"。这些是技术凭证的重要组成部分。每个 WBS 的 QCD 都是由组成它的所有 WBE 的 QCD 集合而成的。

（1）WBS/WBE 可以用来确定一项技术的所属领域、行业，为确定其用于哪个产业链，在该产业链的上、中、下游提供精确的坐标。

（2）QCD 描述了技术状态、所花费的投资、耗费的时间。据此，就可以计算出一个科技项目已经或还需投入的成本及投入产出效率。

任何一个 WBE 应该属于一个专业技术领域，并对应一个技术创新水平 TIL（technology innovation levels，技术创新水平）1~13 级的通用计量模板。任何一项科技成果，其孵化、转化、商业化、产业化的过程必须经过"知识创新、工艺或产品创新、商业成功"三个阶段，都可以用 TIL1~13 级来表述。

TIL 描述了从思想火花产生到技术创新实现的全过程，是对技术创新进程计量、评价、管理的重要工具。TIL1~13 级描述了技术创新完整的、可视化的、发展的普遍规律。因此 TIL 才适用于技术创新全过程的表述、计量与评价。

TIL 标定了技术、制造、管理、市场等状态或条件的成熟度水平，它是把科技、管理、生产力和市场紧密连接的有效工具，是与技术创新相伴生的，并贯穿于全寿命周期。是技术创新项目立项论证、合同签订、风险评估、计划管理、成本管理、技术状态管理、预算管理、项目验收、商业化与产业化进程跟踪评价等所有技术创新相关工作的基础（图 2-6）。

科技通则	OECD	TIL	简称	评级内容	阶段里程	计量
显性收益	商业成功	第十三级	回报级	累积净利润≥研发总投入并赚取超额利润	产业阶段	经济
		第十二级	利润级	累积净利润≥研发投入的10%（或自定义比例）		
		第十一级	盈亏级	销售量达到盈亏平衡点		
		第十级	销售级	第一笔销售合同回款		
隐性收益	产品或工艺创新	第九级	系统级	具备大批量商业化生产条件，产品定型	鸿沟阶段	
		第八级	产品级	小批试产合格、图纸完备、工艺成熟		
		第七级	环境级	工程样机系统运行，例行环境试验合格		
		第六级	正样级	功能样机演示测试合格、工艺验证可行	创业阶段	
		第五级	初样级	功能样品、图纸+工艺设计、测试通过		
	知识创新	第四级	仿真级	在实验室关键功能仿真验证结论成立		
		第三级	功能级	关键功能、方法经过论证结论成立		
		第二级	方案级	提出满足需求或解决问题的技术方案	创意阶段	
		第一级	报告级	发展新需求或新问题且明确表述出来		科技
活动		企业内外部群众性技术创新活动与日常研究的积累，交流互动，隐性转化，标准化				
环境		国家制度/政策法规/教育体系/市场规划/科技体制/转化因素/工程基础/创新动力				
备注		把技术创新的全过程从一个看不见的黑洞变成一个可视化的计量模型				

图 2-6　科技创新成果转化的经济过程

生产力成熟度计量模型中技术创新规律的表达式为

技术创新 = TIL1~13 = TRL1~9 + TIL10~13 = 隐性收益 + 显性收益

用 TIL13 级标尺，我们就可以便捷地计量和判别任何一项发明或新知识，距离获得市场价值还有多远，就可以度量一项技术能否带来创新、能否实现市场价值或商业成功（表 2-4）。

表 2-4　科技创新成果转化经济公式

$$r = (W_1Yt + W_2Xt)/Zt$$

r	Zt	W₁	Yt	W₂	Xt
投入产出效率系数	投入预期目标完成比率	隐性收益权重系数	隐性收益预期目标完成比率	显性收益权重系数	显性收益预期目标完成比率
第一种	隐性模式	1	9 级	0	不追求
第二种	显性模式	0	没有风险	1	直接买
第三种	隐显模式	1%~99%	13 级	1%~99%	回报
r = 1	成功	研制期	达到预期级别	回收期	收回投资
r < 1 时	失败		未达预期级别		投资损失
r > 1 时	成功		超过预期级别		获得利润

续表

$$r=(W_1Yt+W_2Xt)/Zt$$

r	Zt	W_1	Yt	W_2	Xt
投入产出效率系数	投入预期目标完成比率	隐性收益权重系数	隐性收益预期目标完成比率	显性收益权重系数	显性收益预期目标完成比率
备注	任何一个科技项目，在投资前必须确立投资、隐性收益、显性收益三个重要指标的预期目标，这是决策的基本数据；付款是根据预期目标完成率来执行的；不同的时间点对三个指标要求的权重是不一样的。$W1+W2=1$				

变量纳入一个计量模型，就可以随时间变化进行计量与评价。若把某个企业、省、市、行业的 N 个项目计入一个表中，就可以看出整体的变化效果（图 2-7）。

技术创新标准化计量与评价体系					技术创新链——科技产业链			风险	量级	投融资		投入/产出	完成进度
GB/T定义	形象表述	OECD定义	TIL	简称	科技活动	创新创业	分工阶段	风险	产出投入	投资机构	融资机构	C（万元）	D（时间）
显性收益	经济	商业成功	13	回报级	推广应用 产业化	新产业 商业成功 商业成功	技术产业化	13	商业风险为主（中高）	产出利润	IPO PE	金融与社会资本	银行信贷机构	
			12	利润级				12						
			11	盈亏级				11		投入亿元~百万元	VC FE产投			
			10	销售级				10			VC FE产投			
隐性收益		产品或工艺创新	9	系统级	技术开发 开发研究	新产品	产	9	技术风险为主（高）		多轮创投PE	产业资本		
			8	产品级									技术	
			7	环境级										
			6	正样级			创业鸿沟						鸿	
			5	初样级	技术发明 应用研究	新技术新工艺 技术商业化	研					政府资助 社会资本	沟	
			4	仿真级					技术风险（低）	投入千万元~十万元				
		知识创新	3	功能级	基础研究	技术商业化	学				天使种子			
			2	方案级	创新灵感 新原理新理论	创意				投入十万元				
	科技		1	报告级			创意							
小计													
PRI													
TVA													
备注	1.《技术报表》可以为创新、创业、科研、投资活动建立一个计量、评价、相互勾稽的坐标系，同时也建立了一种多元函数关系，不同级别技术对应不同投资、时间。2.《技术报表》把技术创新全过程从过去的黑洞中以一种可视化的方式呈现给市场各类主体												

图 2-7   科技产业化资源配置评价坐标系
GB/T：推荐性国家标准；PRI：优先级；TVA：技术增加值

利用技术报表和财务报表可以计算出组织或个人的技术创新速度、技术储备指数、技术货架指数、知识产权指数、技术创新指数、创新驱动发展指数、技术风险指数等动态与能力类的指标或指数，而不是现行评价体系中的人数、钱数、成果数、专利数等静态与要素类的指标或指数。

如果说何小敏教授从科技研发到科技成果产业化的全过程寻找到超常型知识的经济计算语言，那么中国科学院现代化研究中心主任何传启教授则总结了创新产品与常规产品不同的市场交换价值，从微观层面初步解决了超常型知识与经济增长之间关系的产品价值区别，为超常型知识产品的经济计量找到价值依据。因为创新劳动的特殊性，带来创新型经济增长，从而使超常型默示知识与经济增长的内在关系的理论设计又向前迈进了一步①。

假设在竞争性市场上有两种商品：常规产品和创新产品；常规产品的供求关系遵循供求平衡原则，常规产品的供求曲线如图 2-8 所示。

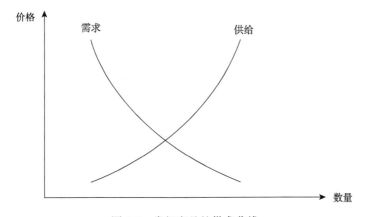

图 2-8 常规产品的供求曲线

创新产品和常规产品具有不同特性，遵循不完全相同的原则。创新产品的供求关系与其市场生命周期相关。在其垄断期（专利保护期），创新产品可能遵循"创新者定价"原则：供方定量供应，买方自由购买；在其他条件相同时，供给量与创新价值负相关，需求量与创新价值正相关；创新产品的价格与创新价值正相关，具体价格由创新者根据创新价值、市场预期和经营策略等决定。创新价值是创新产品的交换价值，其大小由商品稀少性的程度和交易双方的价格意愿所决定。在其扩散期，创新产品的供求关系向常规产品过渡。在其模仿期，创新产品的稀少性基本丧失，遵循常规产品的供求平衡原则。

创新价值主要发生在创新产品的垄断期和扩散期。一般而言，创新产品从开

---

① 何传启. 创新的供求曲线：一个猜想. 科学与现代化, 2017, （3）：123-130.

发、上市到退市，大致经历五个阶段（图 2-9）。在创新期，新产品开发，没有利润。在垄断期，专利保护导致技术型稀少性和市场垄断，新产品获得垄断利润。在扩散期，新产品被几家企业掌握，它们分享垄断利润，获得高利润。在模仿期，大量模仿者出现，获得平均利润。退出期，没有利润，退出市场。垄断利润和高利润，可统称为"创新利润"。

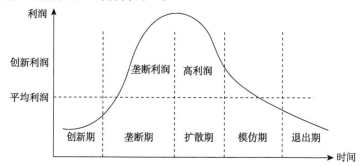

图 2-9　创新产品的市场生命周期和创新利润

资料来源：张凤，何传启. 创新的内涵、外延和经济学意义. 世界科技研究与发展，2002，（3）：55-62

　　常规产品的交换价值由产品生产的常规型知识劳动量决定，属于常规劳动价值；创新产品的交换价值由产品的超常型知识劳动决定，在其垄断期和扩散期内，创新产品的创新价值，不仅决定于产品稀少性的程度，而且与交易双方愿意接受的价格有关。在竞争性市场上，创新价值与产品稀少性和交换双方的价格意愿正相关。

　　何传启教授第一次从交易关系的角度提出创新产品的价值，但是何传启教授忽视了一个问题，就是按照超常型知识的运行逻辑，超常型知识尤其是超常型默示知识成为原始颠覆型创新产品的内在源泉，超常型知识与产品价值之间的内在关系需要解释清楚，才能说明创造性劳动产品与非创造性劳动产品价值的根本区别，而不是只从外在的稀缺性来解释创造性劳动的产品价值。

　　以清华大学付林教授创新型劳动的价值确定为例。

　　（1）付林拥有原始颠覆型创新最需要的超常型默示知识。

　　付林 2007 年申请了两组课题：北京市科技计划项目"电厂余热再利用研究与示范"和"十一五"国家科技支撑计划项目"电厂循环水余热资源利用技术及装备研究与示范"。不到半年他发现自己的设计思路与其他供热方式相比，毫无竞争力。碰壁之后的付林没有气馁，而是在失败中找到新视角：将电厂与供热企业的供热站，用新型热泵和技术系统连接起来，解决"供热领域"长期以来存在的核心问题：通过高效的热电协同，在节约燃煤的前提下，扩大供热面积，提高供热效率。付林解决了节能与热点产业的世纪难题，救活了一批不断在萎缩的行业，将创新发展与绿色发展、协调发展、共享发展有机结合，在节能与供热技术结合方面走在世界前列。为什么恰恰是他解决了世纪难题，因为付林具有原始颠覆型创新最核心的知识——超常型默示知识。

超常型默示知识的最大特质是具有想象力。人能在过去认识的基础上，去构成没有见过的事物和形象的能力就叫想象力，想象力是指在感知现实的基础上，经过抽象与猜想，预测出新事物，直至"无中生有"地创造出新事物的能力，是所有发明和创新的源泉。超常型默示知识具有个体性、潜在性、模糊性、试错性、探索性、未来性的特点，很难在短时间内被他人理解，由于人类知识认知的局限性，迄今为止，我们的制度系统没有保障超常型默示知识拥有者的权利制度。付林教授就是具有超常型默示知识，具有本行业领域巨大想象力的科学家。付林出事之后，群龙无首，遇到问题都不知道该往哪儿走，这项刚刚开始推广的新技术面临困境，很多城市级的大型能源改造项目都停了下来，生动地说明他拥有的知识具有超常默示性。

（2）付林的超常型默示知识在原创过程中的应用。

原始颠覆型创新的流程分为四个阶段：直觉突破式创新—解释规划式创新—逻辑推理式创新—推广扩散式创新。原始颠覆型创新者要运用自己的超常型默示知识进行极其艰苦的超常型劳动，才能真正产生创新效益。付林教授的研究成果及其转化的过程非常符合原始颠覆型创新的客观流程。

直觉突破式创新是原始颠覆型创新的第一阶段，原始颠覆型创新个体在兴趣爱好、试错探索的基础上形成一个模糊的创意灵感，不断进行探索、反思、实验、失败，再探索、再反思、再实验，把自身潜在的超常型默示知识开发出来。吸收式技术之前通常用于中央空调制冷机，付林教授反其道而行之改为用于供热，采用"吸收式换热器"和"吸收式热泵"，通过高效的热电协同，在节约燃煤的前提下，扩大供热面积，提高供热效率。要使运行参数完全不同的吸收式换热器，成为全新的产品，就需要重新设计、研发和生产。当时只有付林敢于用"孤注一掷"的方式来"冒险"，作为一个普通教师，他要用个人的努力解决三个本应该科技成果转化体制解决的问题："钱""人"和设备生产厂。

解释规划式创新阶段，是超常型默示知识从创新型劳动者个体向创新型劳动者群体社群化的阶段。不同超常型默示知识个体通过对话阐析、沟通交流、释疑解惑形成知识合作与知识集聚。在知识合作与知识集聚中，个体逐渐形成群体，才能具体化在直觉突破式创新阶段生发的模糊状态的创意灵感，设计原始颠覆型创新的科学目标、新型产品、服务模式等。付林需要找到愿意投入资金、人员和技术加入课题研发序列的企业，一开始几乎所有企业都以相同的理由拒绝了他。江亿院士是付林的导师，也是付林创新的知己。他帮付林找到了一家企业同方川崎帮助付林团队生产试验设备，又帮助付林找到合作研究伙伴内蒙古赤峰富龙集团作为科研参与方提供科研资金，资助付林团队完成研发。

为了能够实际开展研发活动，付林团队需要的人才比较复杂，专业上需要热工、机械、电气等多专业联合，学历层次上既需要教授，也需要学历较低的设计、绘图、调试、安装施工等技术人员，而清华大学不可能解决他们的编制、为他们支付薪水；清华大学能源所本身也不具备设计、制造设备的资质。2006 年，付林果断决策，注册北京环能瑞通科技发展有限公司（以下简称环能瑞通）作为留人的平台。这家公司是付林研究的横向合作单位，而公司研发团队的工资均由付林自己的科研账户支出。

逻辑推理式创新阶段，已经社群化的超常型默示知识进一步外显为社会都可接受的超常型明示知识。超常型明示知识是操作型创新知识。可以为具体的学术目标、产品建造和服务模式的运行进行方法、工艺、技法、程序的创新，将解释规划式创新阶段的创新设计目标加以实施。在国家与高校还没有提供科技成果转化的组织和资金保障的情况下，付林进行了成果转化的机制探索，他无意中创造了一种科技成果转化的新模式：率课题组成员接下大同市"华电大同第一热电厂乏汽余热利用示范工程"——解决同煤集团棚户区和塌陷区 600 多万平方米建筑的采暖需求，同时接受了时任大同市市长耿彦波的苛刻条件：由相关国有企业，先借款给付林的团队及相关企业，让他们迅速开工、缓签合同，如果项目验收不合格，付林团队及相关企业，必须偿还这笔债务。如果工程失败，还不上钱，付林就将面临牢狱之灾。而且该项目当年 11 月开始的采暖季就要开始试用。这完全颠覆了几个月项目准备期的可行性研究、环评、正式立项、工程资金配备到位等常规流程，但付林用自己的创新型人力资本做担保，凭借自己对新科学技术的信心承担并完成了这项高风险工程，结果增加供热面积 50%，为大同每年节约了67.8 万吨标准煤，既提高了供暖能力又减少了空气污染，使大同逐步从雾霾之城变成了山西省空气质量最好的城市。

推广扩散式创新阶段。随着产品或服务的扩散，创新者在满足消费者需求的同时，获得创新的收益，更让全社会分享创新的文明成果，造就新的生产生活方式。继而也改变了人们的思维方式和社会的管理方式，逐步演化出现代化的人格特质，经济价值提升的同时是人类文明的进步。

2011 年 7 月，由中国工程院院士倪维斗、徐大懋、秦裕琨等组成的验收专家组认为，付林的技术是我国热电联产集中供热领域的一项重大原始创新，将给我国集中供热系统节能减排带来巨大的推动，达到国际领先水平。2012 年，该技术获得北京市科学技术一等奖。2013 年，获得了国家技术发明二等奖。2016 年被提名国家科技进步一等奖。在 2015 年巴黎气候大会播放的中国宣传片中，还用 30秒的时间介绍了这项中国独创的技术。

在山西大同工程成功的基础上，付林准备在全国有序扩展付林技术，一是解决日益严重的雾霾问题，二是降低企业与城市的节能成本，三是把扩展供热来源与节能环保结合，四是解决中国传统产业改造升级的问题。他先是承接济南市投资 100 亿元启动的"外热入济"工程，把济南周边电厂排放的废热引入济南，通过一系列复杂的技术安排，转化为城市供暖的能源——据估算每年济南因此能节约 335 万吨标准煤，并且可以减排 0.8 万吨烟尘、2 万吨二氧化氮、2.2 万吨二氧化硫。第一步成功应用于燃煤电厂——济南北郊热电厂，实现了燃煤烟气降污及深度余热回收一体化。太原也在进行济南类似的工程，通过把太原 40 千米外的古交发电厂的废热引入太原，来解决太原 8 000 万平方米的供热，这相当于太原市供热面积的一半。然后是全国各城市都求助于付林技术，不仅是电厂，水泥厂、钢铁厂等高能耗产业也存在将大量的余热直接排放到空气中的现象，这些废热都可以运用付林技术加以吸收转换。城市级的能源系统改造工程，一则投资巨大，二则工程技术极为复杂，而付林技术具有一箭双雕的经济与社会效果，但是后期由于付林被捕，导致工程都处于停滞状态。

（3）付林的创造性劳动价值如何确认。

付林的超常型劳动价值与常规型劳动价值的计算具有根本的不同。一般常规型劳动价值的计算依据是社会平均必要劳动时间。"社会必要劳动时间是在现有的社会正常的生产条件下，在社会平均的劳动熟练程度和劳动强度下制造某种使用价值所需要的劳动时间。"但是超常型劳动却不是社会平均必要劳动，而是社会平均必要劳动时间形成之前的创新者的超常性劳动。超常型劳动的价值大致是图 2-10 这样体现的。

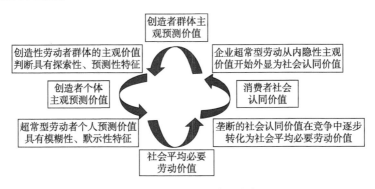

图 2-10 超常型劳动价值的认定过程

直觉突破式创新阶段是创新个体主观预测价值，超常型默示知识劳动价值只是预测中的"潜在价值"，还没有形成成熟技术，更没有形成产品进入市场。但是创新者个体对自己科研成果的未来价值有预期。付林技术既可以节能减排，又能增加供热的吸收式热能转化为创新型技术，起初该技术虽然没有被社会认可，但是付林自己对这项创新型技术的市场需求有独特的经济和社会估值预期。时任大同市市长的耿彦波对付林提出严苛要求时付林之所以敢于承担，是因为他对自己的科技研究成果有一个价值预判，4 个月后的供暖季，国内首个"基于吸收式换热的热电联产供热技术"对大型电厂空冷机组进行改造的工程实现供热，才能证明付林对自己的科技价值预测是正确的。超常型默示知识的模糊性、试错性特征，决定了付林个人对自己创造性劳动价值的估值只是初步的直觉，他完全是以未来社会的潜在需求为导向，而冒着巨大风险反复探索，个人要承担巨大的创意成本和试错成本。

解释规划式创新阶段是群体主观预测价值阶段，超常型劳动者之间的默示性和合作性使小团队的投入和个体投入一样具有极大的风险性。比如，江亿院士对付林研发的持续支持、很多清华大学的师生主动参与付林的研发团队、内蒙古赤峰富龙集团及很多企业对付林的成果转化的资助，都源于他们对付林技术的未来价值的共同认可。当然这种原创群体的共同预测价值的形成需要很高的交易成本，如寻找成本、谈判成本、沟通成本与设计规划成本等都是巨量地投入。原始颠覆型创新群体的结构是多元的，可以有创意者、科学家、企业家、天使投资、风险投资、消费者、规划专家、管理专家等。群体虽然还没有生产出实体产品，但是对未来的创新产品的经济价值及社会价值有一个积极的预期。

逻辑推理式创新阶段通过试制、试销、生产成本与管理成本投入生产出产品，其观念成果必须付诸现实的社会生产过程中，通过逻辑推理式创新的生产、工艺创新创造新的实实在在的劳动才能得到实现。劳动本身正是创新型劳动的价值载体，主观预期价值就通过创新型劳动获得现实的垄断价值，垄断收益就可能产生，垄断收益是消费者对"无中生有"的新型产品的认同价值。原创性科技劳动的成果可以表现在具有技术垄断性质的专利拥有上。一旦具有重大技术突破的专利被产业化，其技术独占优势就会转化为市场垄断优势，并且使该产业在行业中的劳动表现为生产力特别高的劳动，这就带来巨额的垄断利润。从这个角度看，付林的技术许可报告的估价明显低于创新产品潜在的垄断价值，付林团队的应得利益被某些企业侵占，不符合保护创新型劳动知识产权的原则。付林在山西大同和济南实践的经济价值和社会价值是可以计算的，而他在创新价值中的分享比例也是需要用法治来确定保障的。

推广扩散式创新阶段，新型产品逐步被广大消费者接受，新兴市场形成，产业化的发展吸引越来越多的企业加入生产，创新型劳动的价值从垄断价值阶段逐步向新的社会必要劳动价值逐步过渡，现代社会财富和价值的巨大增长主要是由先进生产力形成的。如果付林的科学技术被越来越多的企业掌握，越来越多的企业跟随付林解决节能减排与供热并举的市场活动，越来越多的城市运用付林的技术建设生态城市、越来越多的科研机构加入吸收式热能转化技术的研究，那付林科技的垄断价值必然会逐步成为社会平均必要劳动价值，创新型产品逐步变为常规产品。这是伴随着科技成果产业化和科技产业从新生到成熟的必然过程。

从主观到客观价值的显现过程如图 2-11 所示。

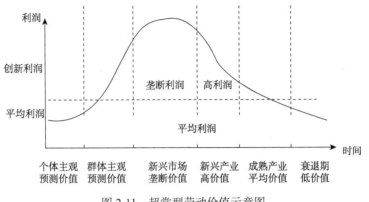

图 2-11 超常型劳动价值示意图

总而言之直觉突破式创新阶段是个体主观价值；解释规划式创新阶段是群体主观价值；逻辑推理式创新阶段是垄断价值；推广扩散式创新阶段是从高利润向社会平均必要劳动价值过渡。大规模销售阶段也是企业竞争阶段，价值开始向下边际递减，开始遵循价值规律，价格围绕价值上下波动。

由于付林从事热电与供热互联的原始颠覆型创新，史无前例，其超常型劳动价值的确定遵循的是个体超常型劳动价值，而不是社会平均必要劳动价值。这是价值确定的难点。在目前的经济学理论研究中是个学术空白，但是，我们可以从另一个角度思考这个问题，就是从社会再生产过程中的消费者认同视角思考价值确定问题。消费者首次消费"无中生有"的产品，为"无中生有"的产品买单。生产领域的投入，由于没有常规型劳动的社会必要劳动时间为参照，而是以创新型企业的个别劳动时间为基准，企业个别劳动时间只有通过交易环节被消费者认同，才将默示状态的价值转化为明示状态的价值。这个价值既反映了创造性劳动的投入，又反映了创造性劳动创造的超额价值。原创型企业的个别劳动时间是创新型劳动价值的确定依据。创新型劳动创造创新型价值，通过交易被社会认同，这是创新型产品价值形成的过程，是超常型默示知识的价值认定过程。而消费者认同价值不是空穴来风，而是以超常型劳动的社会经济效益为依凭的，如付林的超常型劳动。创新型劳动的实际价值创造过程与其价值实现过程是统一的：要使这些潜在价值得到实现，必须实施一系列生产过程的开发性劳动，正是这些开发性劳动将原有创新劳动具有的潜在价值激发出来，转化为实际价值的。因此，创新劳动的实际价值创造过程，也就是现有生产条件不断变革的过程，也就是创新劳动价值的实现过程。

创造性劳动与常规型劳动的不同价值，来源于不同的质量类型。

　　一是创造性劳动的最终效果就像体操比赛一样，与劳动的难度系数有关，与过程进行的时间无直接关系。创造性劳动过程需要花费时间但创造性劳动的成果却与时间无多大关系：可能在很短的劳动时间内取得重大突破获得巨大的成功；也可能经过长时间的探索花费巨大的人力、物力却一事无成。

　　二是创造性劳动的范围仍然相当广泛。它或者以独立的形态存在，或者与一般性劳动相结合，即在一般性劳动中孕育着新的创造性劳动。在当今人类活动的一切领域中都可以看到创造性劳动在发挥作用，而且哪个领域发展和进步速度最快，在那个领域内创造性劳动的贡献就越明显。

　　创造性劳动与一般性劳动的性质和特点有着重大的差别。据此我们就能够建立一种在传统理论上发展和更新的劳动价值论——创造性劳动价值论。这是一种更能够说明现代市场经济社会特点和规律的新价值论。

　　在推广扩散式创新阶段，是客体化的超常型明示知识逐渐将超常型默示知识社会普及化，也使潜在的超常型默示预期主观价值获得社会认可，成为社会认同的客观价值。原始颠覆型创新成果产业化实现了经济效益与社会效益，推动了整个社会的知识从较低层次向较高层次提升。而社会普及化的超常型默示知识为下一轮个体的超常型默示知识的生发提供了社会基础，孕育着下一轮的个体生发超常型默示知识，启动下一轮的原始颠覆型创新动态流程。

　　在何传启教授的微观分析基础上，中国人民大学经济学院王琨博士则从宏观经济学角度提出了一个超常型知识与经济增长关系的计量模型，试图说明原始颠覆型创新中超常型知识的价值构成及其在经济增长中的作用[①]。以知识为基本投入要素构建生产函数，假定知识从生产到应用需要三个流程，分别为超常型知识阶段（基础创新）、常规型知识阶段（次级创新）和应用阶段。基础创新由一系列原创性的潜在知识流构成，这一阶段产生的为超常型知识，次级创新由具体开发某一知识流并将其商业化为产品的可操作计划构成，这一阶段将超常型知识转化为常规型知识。

　　整个经济体的投入-产出结构如下。

　　（1）经济体中有总量为 H 的研究人员，任何一个研发人员既可以从事基础创新，也可以从事次级创新。有总量为 L 的基本劳动力，基本劳动力只能从事生产，不能进行创新。另外，任何开发出的产品的产权归属于研发者（基础创新和次级创新者组成的团队），研发者对产品拥有垄断权，将其出售给竞争性的最终产品生产商。为方便起见，假定只有一种最终产品，使用研发出的产品作为中间产品投入进行生产。

---

　　① 王琨. 原始型创新中超常型知识的价值构成及其在经济增长中的作用. 中国人民大学博士生创新研讨课论文，2017.

（2）假定每一时刻经济体都会产生原创性的知识流，为 $\lambda^r H^r$，λ^r 为每一个基础创新人员发现新知识流的泊松抵达率。而任何开发出的产品所包含的知识由其所属知识流产生的年代决定，假定第 τ 代的知识存量为 K_τ，知识由基础创新和次级创新所产生。用 M_a 表示某一年龄为 a 的知识流所开发出的不同中间产品的数量，l_a 为生产每一种中间产品所要投入的劳动力数量。总的最终产品生产函数如下：

$$Y_t = \int_{-\infty}^{t} M_{t-\tau} K_\tau \left(l_{t-\tau}\right)^\alpha \, \mathrm{d}\tau = \int_{-\infty}^{t} Y_{t,\tau} \mathrm{d}\tau \qquad (2\text{-}10)$$

$Y_{t,\tau} = M_{t-\tau} K_\tau \left(l_{t-\tau}\right)^\alpha$ 表示用所有 τ 代的中间产品生产出的最终产出。

（3）任意代的中间产品由从事次级创新的研发人员在从事基础创新的研发人员的帮助下开发。对于任何年龄为 a 的知识流，次级创新的抵达速度为 $\lambda^d \left(h_a / \lambda^r H^r\right)^{1-v}$，其中 h_a 为年龄为 a 的知识流的开发者，$\lambda^r H^r$ 为知识流的数量。因此，有

$$M_a = \int_0^a \lambda^d \left(h_s\right)^{1-v} \left(\lambda^r H^r\right)^v \, \mathrm{d}s，\text{其中} a \geq 0，0 \leq v \leq 1 \qquad (2\text{-}11)$$

（4）基本劳动力可以无时滞地在各企业之间自由转换，然而，选择开发某一知识流的开发者将一直坚守该知识流直到升级发生。当升级发生时，开发者可以选择开发新的知识流或者进行基础创新，升级速度同样服从泊松分布，有

$$h_a = h_0 e^{-\sigma a}，\quad a \geq 0 \qquad (2\text{-}12)$$

（5）新的知识由整个经济体中的研究和开发者使用当前知识存量创造，$g = \dot{K_t}/K_t = G\left(\lambda^r H^r, \mathrm{SI}\right)$，其中 G 是严格递增的凹函数。整个经济体中 SI 的数量为所有年龄为 s 的次级创新的积分：$\mathrm{SI} = \int_0^\infty \lambda^r H^r \lambda^d \left(h_s / \lambda^r H^r\right)^{1-v} \mathrm{d}s$。在稳定状态下，新知识流的开发者数量为 $h_0 = \sigma\left(H - H^r\right)$。

增长方程写为

$$g = G\left(\lambda^r H^r, \frac{\left(\lambda^r\right)^v \lambda^d}{\sigma^v (1-v)} \left(H^r\right)^v \left(H - H^r\right)^{1-v} \right) \qquad (2\text{-}13)$$

在王琨博士的公式中，知识与经济增长的计量关系已经涉及创新者知识的分类，超常型知识与原始型创新相关，以此类推创新的原始型层级，这实际上提出了原始颠覆型创新中不同人力资本的配置问题。但探索只是初步的，还需要在更深层面的制度分析的基础上才能更完善。缺乏制度层面的系统化思维，计量模型的描述不能从根源上说明知识与经济增长之间的本质关系，从而描述的层面可能

还比较浅显，但是如何系统地从本质层面阐述超常型知识对经济增长的决定作用是创新经济学的当代难题。

超常型知识与经济增长的关系绝不是简单的线性关系，而是系统的制度关系，破解其中的制度奥秘，并用经济学的方式加以阐释，是原始颠覆型创新经济学的核心内容。在原始颠覆型创新的流程中，客观存在着超常型默示知识的流动，这种客观的知识流动隐含着对原始颠覆型创新制度的构成要素，而这些构成要素是围绕着原始颠覆型创新主体的兴趣爱好实现建立的，客体与主体的有效互动构成原始颠覆型创新的制度生态：在直觉突破式创新阶段，是兴趣爱好生成与萌发的制度生态；在解释规划式创新阶段，是兴趣爱好交流与设计的制度生态；在逻辑推理式创新阶段，是兴趣爱好生产与标准化的制度生态；在推广扩散式创新阶段，是兴趣爱好成果交易与消费的制度生态。从事原始颠覆型创新主体与提供原始颠覆型创新制度生态主体是不同的两种主体，所以原始颠覆型创新的过程是不同主体的不同组织关系的运作，组织是制度的载体。从这个角度看，超常型默示知识是否能被应用，从而成为原始颠覆型创新最重要的知识资源，关键在于是否有提供其应用的制度生态。世界最前沿的创新型国家的经验验证：哪个国家越充分发掘了超常型默示知识的资源，哪个国家的原始颠覆型创新能力就越强，就越有可能成为原始颠覆创新型国家，否则即便是创新，也只能是模仿改良型创新——缺乏超常型默示知识发动与使用机制，这样的国家不可能成为具有原始创新力的国家。我们评价一个国家没有原始创新能力，一种情况是这个国家没有超常型默示知识资源，人力资本素质低下。同时还可能存在另一种情况，不见得是说这个国家没有潜在的原始颠覆型创新的资源——超常型默示知识，而往往是其具有潜在的超常型默示知识资源但却视而不见，甚至是闲置、抑制或者是打压。自己本国丰富的超常型默示知识没有有效使用，而热衷于从国外以购买核心技术或专利、品牌的方式引进超常型明示知识，然后通过外观设计和实用新型的改良进行本国实用性创新，以适应市场消费的需要，这样的模仿引进型创新不是该国不可为、不能为而是明明可为而不为。所以原始颠覆型创新国家很大程度上不是科技能力的概念，而是制度机制的概念。在知识经济时代的竞争中，超常型默示知识是最核心的资源要素，其他人力、物力、财力资源只有围绕超常型默示知识运作，才有最高效的创新力，最优质的生产力。是否有效发掘、激励和保护超常型默示知识，已经成为国与国之间竞争的核心内容。目前中国的原始颠覆型创新能力相对较弱，是否说明超常型默示知识的激励、保护制度不到位。所以中国想要开始原始颠覆型创新的实践过程，必须研究如何发掘和有效配置超常型默示知识这一核心资源。关于超常型默示知识流动与经济发展的关系的研究才刚刚开始，是原始颠覆型创新制度经济学研究的难题，但是我们可以初步确认超常型默示知识的应用需要一个制度生态环境，没有一个系统的制度生态环境是不可能保障超常型知识，尤其是超常型默示知识的流动，从而产生创新价值，实现经济超常型增长的。超常型知识运作的系统制度生态包含以下几个关键环节，教育培养创新人—创新自治组织—创新治理机制—创新财政金融支撑—创新政府环境。

第三章 原始颠覆型创新与中国教育制度的改革

第一节 教育培养的原始颠覆型创新主体的基本素质

原始颠覆型创新需要原始颠覆型创新人才，教育承担着培育原始颠覆型创新主体的使命。中国的逆创新成功与否不取决于货币资本的投入，而是取决于人力资本的质量，人力资本的质量取决于教育的质量，所以教育在中国的原始颠覆型创新中的作用最关键。如果教育培育不出具有原始颠覆型创新能力的人才，更有甚者，遏制乃至消磨了儿童、少年、青年身上潜在的脆弱的超常型默示知识，那所谓建立原始颠覆型创新国家就只是个美丽的泡沫，没有任何可能。从这个角度说，如果科技是第一生产力，那么教育就是第一创新力。中国建设原始颠覆型创新国家的必要前提，是通过教育制度改革培养出大批具有原始颠覆型创新能力的人才。现实情况是，由于没有超常型知识的文化传统和知识概念，所以教育没有如何培养原始颠覆型创新人才的创新教育观，没有分清超常型知识教育与常规型知识教育的区别，甚至把教育变成了抑制青少年超常型默示知识的机制。从原始颠覆型创新人才培养的战略目标出发研究教育制度改革，首先要认识到，按照知识生长演化的基本规律，在儿童及年轻人身上潜在地存在着超常型默示知识，教育培养的目标是通过明示知识的灌输，发掘每个人的默示知识，这需要通过常规型明示知识和超常型明示知识的教育启发激励出来，并促其转化为默示能力。尤其是使超常型默示知识拥有者形成超常型默示能力。检验教育的效果，不仅要培养出合格的专业化人才，而且要培养出更多的创新型人才。

原始颠覆型创新者是具有超常型默示知识的人才，他们具有特殊的能力与素质。他们具有的超常型人力资本的素质，是在一般专业型人力资本素质基础上的升华。

原始颠覆型创新主体是超常型默示知识拥有者，能够凭借天赋本能、个性特长、兴趣爱好、激情梦想、创意灵感进行原始颠覆型创新，在原始颠覆型创新中起关键作用。

（1）原始颠覆型创新的启动作用。原始颠覆型创新源于原始创意，原始创意启动原始创新。原始创意源于直觉想象能力。原始颠覆型创新人力资本所有者具有直觉未来的灵商，直觉本质的悟商。其最大特点是发挥自己独特的超前超常想象力，提出新的创意，力排众议，在现在显性的"无"中看到潜在的、未来的"有"，推进未来的"无中生有"。

（2）原始颠覆型创新的试错作用。原始创意是发散的、模糊的、粗糙的、稚嫩的。原始颠覆型创新人力资本所有者凭借自己的兴趣爱好，激情执着于反复实验试错的过程，把原始创意逐步变为相对清晰明确的、可规划操作的创新目标。原始颠覆型创新人力资本所有者具有高瞻远瞩的志商，持之以恒的意商，是专门愿意从事试错工作的人力资本，而试错是让原始创意逐步清晰、逐步成熟的唯一途径。

（3）原始颠覆型创新的冒险作用。试错是有成本投入，有失败风险的，也许失败不是一次两次，而是成千上万次。即便经历了失败，也不意味着原始创新就一定会成功，一般人力资本所有者不能承受此类失败，而原始颠覆型创新人力资本所有者基本上是高风险承担者，具有触底反弹的逆商，虽然遇到失败会痛苦、会犹豫，但是最终能够承受原始创新过程中的各种挫折，矢志不渝。

（4）原始颠覆型创新的解释作用。直觉突破式型创新虽然是原始颠覆创新的第一和关键的阶段，但还是需要其他的阶段进行接续的。如图 3-1 所示，直觉突破式创新—解释规划式创新—逻辑推理式创新—推广扩散式创新，是原始颠覆

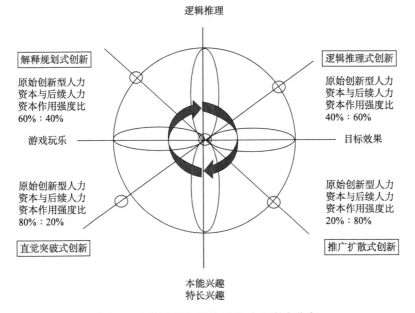

图 3-1　原始颠覆型创新中的人力资本分布

创新四个必经的阶段。在这四个必经阶段中，原始颠覆创新人力资本大多处于直觉突破式创新阶段，与后续创新型人力资本之间的衔接通过解释规划式创新阶段进行，解释规划式创新就是把直觉创意在讨论对话中、在辩论质疑中、在妥协包容中解释、清晰、完善、提升、修正，成为可以进行逻辑推理式创新的具体项目或具体产品。直觉突破式创新只有经过解释规划式创新，才能进入具体可操作的逻辑推理式创新，最后成为具体的服务和产品的推广扩散式创新。因此原始颠覆创新人力资本与后续创新的人力资本，以及一般劳动者之间关系的初始建立和健康发展依赖于解释规划式创新。

（5）原始颠覆型创新的主导作用。因为原始颠覆创新的初始阶段是直觉突破式创新，要经过解释规划式创新、逻辑推理式创新、推广扩散式创新各阶段，能够从事直觉突破式创新阶段的人力资本所有者的群体特点是想象能力、预见能力、开拓能力、"无中生有"的能力相比较其他创新的人力资本所有者更强，能够引领其他类型人力资本所有者的后续创新。从发起原始颠覆创新到最后产生原始颠覆创新成果的整个原始颠覆创新过程中，这部分人思想理念、行为习惯、运作模式天然构成原始颠覆创新的主导线。如果没有原始颠覆创新人力资本所有者的主导，创新只能停留在引进模仿层面，很难提升，原始颠覆创新人力资本所有者对其他类型的人力资本所有者起主导作用。

中国的教育在培养出一般专业化人力资本的同时，如何培养出这样的原始创新者，是目前最需要解决的紧迫任务。教育的主要功能是通过培育原始颠覆型创新主体，为国家原始创新力服务。因为原始创新者的素质直接决定了原始颠覆型创新的成败，所以教育创新力在整个国家创新力中处于核心的地位，起核心作用。何谓国家创新力？国家创新力是指国家系统的运作不断产生有商业价值与文明进步的独创效用的能力。国家创新力最外在的层面是科技创新力及其带来的市场增值能力，如原始型核心技术在市场上可给企业带来垄断型利润收益。中间的层面是国家及其他社会组织内在地具有的制度创新力，能够根据科技及经济创新力的要求适度超前地供给制度条件的能力，如科技创新力只有通过企业制度创新力才转化为市场获利，而企业创新力又与政治体系是否及时提供激励企业创新的制度政策密切相关。国家创新力最核心的层面是国家的文化创新力，国家的意识形态、价值伦理、行为习惯是否能够形成认可和支持创新尤其是原始颠覆型创新的精神结构，从根本上决定了国家创新力的强弱。如果说一个国家的国家创新力相对落后，首先表现在科技创新力弱，而探寻科技创新力弱的根源，我们又可以找到制度创新力弱的问题，探寻制度创新力弱的根源，我们又可以找到理念创新力弱的深层原因。反之，我们说一个国家的创新力强，表现在科技创新力强，实际上科技创新力强的根源在于制度创新力强，而制度创新力强的根源在于文化理念创新力强，这可以形成研究中国国家创新力的基本思路。就目前中国国家创新力存在的主要薄弱环节看，无论是最外在的科技层面还是中间的制度层面，甚至是最核心的理念层面，都突显出教育创新力培育的紧迫性。在一个国家创新力大厦的建设中，教育实际上承担了从科技创新力到制度创新力再到文化创新力的栋梁作用，而中小学教育承担了国家创新力大厦的奠基石作用，大学管理培育大学创新力，用大学创新力引领中小学基础教育的创新力，在国家创新力再到提升中有着文化、政治、经济、科技等多个维度的关键作用。在全球各国的竞争中，教育已经成为最主要的领域。原始创新需要的人力资本不是一般的初级劳动力、加工型的劳动力，也不是刻意从事引进模仿的一般人力资本，而是有想象力、超越力、批判力、突破力的创新型人力资本。显然中国教育制度发展的现状，离促进国家核心创新力形成的要求还有相当大的差距。目前中国以引进海外留学生人才作为创新主体的现象，恰恰说明中国教育还不能培育原始颠覆创新人才，不能适应原始颠覆型创新的要求。教育既然是第一原始创新力，原始颠覆型创新人才从根本上说需要中国自己的教育系统培养，培养不出原始颠覆型创新人才，就说明教育没有原始创新力，教育没有原始创新力，只能证明中国目前还没有原始创新力，还不是一个原始颠覆型创新国家。

在教育培育具有原始颠覆型创新能力的人才方面，中国需要向美国学习[1]，美国的原始颠覆型创新能力与美国教育的原始颠覆型创新能力直接相关。

超常型默示知识具有个体性和潜在性特点，不能用文字和语言系统表达。即便拥有者个人都很难完全认识到，其他人更难事先发现，硅谷的制度系统中明显存在着对于超常型默示知识拥有者的引导制度，其引导强度比任何地方都显著。我们可以通过硅谷之母——斯坦福大学的教育过程看出这一特点。

比如，斯坦福大学的教育过程充满对于年轻人自我发现超常型默示知识的引导，学校不局限于给学生灌输书本上的知识，而是激励学生在校期间充分认识和发掘自己身上潜在的天赋、灵感、兴趣、潜能。一旦学生在校期间发现了自己的天赋、灵感、兴趣、爱好、特长和潜能等，就希望马上到实践中去实现，学校积极支持学生在校期间创业。为了使学生对自己的超常型默示知识尽可能早地自我发现，学校的各类课程安排了高密度的专题讨论类课程、学科研究类课程、问题思考类课程、企业和社会的实习类课程，还有大量的跨学科研究讨论会。在充分的研究讨论中，学生逐步认识到自己能干什么，想干什么，充满创业的刺激和冲动。可以这样说，学生一进斯坦福校门，就不是一个书本知识的被动接受者，而是自己潜在的创新型默示知识的发现者和实现者。

每年斯坦福创业网都会发起全球性的创新锦标赛，让学生根据经济社会发

---

① 陈健. 创新教育的若干教学理念. http://www.edu.cn/jxyj_8603/20090915/t20090915_407332.shtml，2009-09-15.

展的需要解决一个个待解的难题。对于参加锦标赛的学生团队来说，如果他们具有解决现实科学研究难题的初步方案，能揭开"神秘事物"的面纱，那么他们将受到资助使他们的创新成为现实。这种自由探索精神我们可以通过硅谷之母——斯坦福大学的教育过程看出来。

第二节　教育适应原始颠覆型创新的改革路径

　　中国教育必须既培养从事一般创业就业活动的专业人才，又培养出具有原始颠覆型创新能力的人才。不同国家人口中先天能力分布结构应该大致相同[①]。也就是说，如果美国3亿人中有1个乔布斯和1个盖茨，那么中国4倍于美国的人口规模中，从先天能力角度讲，也应该有4个潜在的乔布斯和4个盖茨[②]。那么，中国的乔布斯和盖茨们哪里去了？这也正是钱学森所关注的问题："为什么中国培养不出创新者？"反思中国的教育和文化理念不难发现，孩子从小听到的最多的词就是"听话，乖"，这意味着孩子从小就被告知，要听从于一个外在于自身的"权威"的指导。而这个外在权威的基本倾向，是引导和教育人们按照"和大多数人行为相近的平均意义上的规范"行事。如果说一国人口先天能力服从正态分布的话，那么，这种理念既不鼓励"冒尖"，即不鼓励潜在的天才们积极探索未知世界；同时又力图使更多的人"不掉队"，即推动处于能力分布另一端的人们努力向中间靠拢。这种文化理念在教育体系中放大和强化的结果是，人们后天能力和绩效的分布，比起先天能力分布而言，方差更小。其好处是能够培养出一大批守纪律的劳动者队伍，但代价也是高昂的，会在很大程度上抑制人们探索未知世界和承担风险的愿望，进而会在相当程度上把企业家和创新者湮灭掉。从图3-2可以直观地看出这一点[③]。

---

① 刘培林. 创新者是从哪里来的？——分工广化理论新视角. 中国人民大学创新经济论坛演讲稿，2015.
② 如果人口规模停止增长，则潜在的企业家和创新者数量会停止增长，新知识的生产速度也会相应减缓。同时，人力资本和知识的外部性将发生两个方向的变化，一是人口规模增长放缓会导致外部性减小，二是知识存量持续积累会导致外部性增强。所以这三个效应最终的总效应如何，无法从理论上先验地确定。
③ 图3-2假定天降之才的分布和文化教育试图实现的分布的均值相等。倘若这种文化和教育理念使后天能力与绩效分布的期望值低于先天能力分布的期望值，则会带来更大的生产率损失。即使这种文化能够把后天能力分布期望值提高到比先天分布期望更高的水平上，也仅能带来一个人均收入水平更高的稳态（即获得了一种水平效应），难以指望人均收入水平的长期增速达到潜在的最高水平（即损失了增长效应）。假以时日，增长效应带来的累积损失会超过水平效应带来的好处。

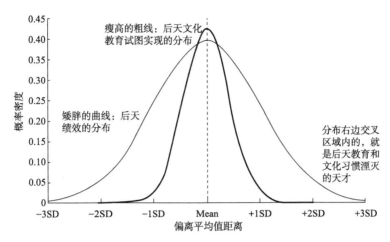

图 3-2　先天能力分布与后天绩效分布的差异

SD：代表标准差

所以，一个鼓励冒险和创新，包容失败的社会文化理念，是激发全体社会成员能动性、创造性地实现包容性发展所需的社会精神根基，而激发与培育原始颠覆型创新人才是教育的核心主题①。

现代教育体系中除了一些高等院校兼事新知识的生产以外，其他大部分教育机构的主旨，是把已经积累的知识以最经济、最节约的方式传递给后代人。这就要求以大致接近的教学大纲和教学内容，对后代人进行标准化训练。这在各个国家都是一样的。那为什么不同国家新知识的生产情况相差悬殊？这就需要考虑文化理念及其在教育体系中的表现。

需要把青少年的超常型默示知识培育、原始颠覆型创新素质培育作为教育的首要任务，所以教育体制改革迫在眉睫。全社会尤其是政府需要认识到中国产业结构升级的关键不是招商引资，不是货币资本的投入，而是找到中国教育缺乏原始颠覆型创新力的原因之所在。发展具有培养原始颠覆型创新人才功能的中国教育，中国需要启动系统的教育改革。

首先，中国的基础教育需要把培育青少年的超常型知识作为教育改革的首要任务。根据超常型默示知识培育和应用的规律，在常规型知识的教育基础上，将培育学生的超常型默示知识作为教学的目标和重点。将青少年潜在的超常型默示知识培育成现实的超常型默示知识，建立中国教育的动态知识流程，是中国教育适应创新型国家能力建设需要迈出的第一步。探索超常型知识培育和应用的规律，围绕青少年创新的知识和能力的培养目标进行教育体制改革。

① 从这个角度看，目前学术发表通行的同行评审（peer review）的做法，虽然有显而易见的好处，但也有扼杀天才想法的坏处。

在学习书本知识的基础上，持续培养学生的观察思考能力、分析批判能力、想象开拓能力、创意试错能力、实验操作能力、排困解难能力、协同合作能力、组织规划能力。大大压缩对常规型知识的教学和考核，探索对天赋、特长、兴趣、爱好、灵感、激情、梦想、创意培育的教学和考核方法，从以常规型知识的教学与考核为主转向以超常型知识的教学考核为主。围绕教育理念、教学内容、教学目的、教学方法、教学评估展开全面改革，使中国教育适应原始颠覆型创新国家能力建设的需要。

其次，高等教育需要培育学生原始颠覆型创新能力，更需要为学生的原始颠覆型创新实践提供条件。大学本身作为知识传播与生产的部门，如何系统地为社会提供有利于知识和创新能力生产与再生产、有利于原始颠覆型创新能力人才成长的制度样板，对于国家创新力形成有重要的作用。大学不仅是培养创新型人才的地方，而且是生产创新制度的地方。一种规律性的现象是，凡是创新能力排名靠前的国家必定有创新能力强的大学。大学制度与社会之间的制度联动效果非常显著，如果一个国家大学的管理制度层次高，适应创新的要求，会带动其他领域的制度层次也适应创新的要求；如果大学管理的制度层次低，不能适应创新的要求，也会造成其他领域的制度层次低，不能适应创新的要求。大学创新力之所以对国家创新力提升有先导作用，在于大学总是最先接触、熟悉、吸收、产生符合社会创新要求的思想理念、制度体制、运行模式，大学能够利用自身的知识优势，率先预见历史发展进程对制度创新的需要，率先在大学校园发育有利于创新的制度，然后向社会其他领域示范推广，向社会传播，对社会形成创新制度传导。大学的制度传导作用要求大学管理的制度创新走在其他领域前面，探索创新制度的系统建设之路。中国经济发展模式转型、产业结构升级只能依靠原始颠覆型创新，原始颠覆型创新的能力取决于创新型人才的数量与质量，所以，创新型人才的培育制度是原始颠覆型创新成功的关键。中国想要建成原始颠覆型创新国家，必须要形成教育的原始颠覆型创新能力。教育的原始颠覆型创新能力弱，是中国原始颠覆型创新能力弱的直接原因。严峻的现实促使我们思考如何在科学知识观的基础上改革我们的传统教育观。从中国国家创新力的现状看，制度创新力是国家创新力的直接动力，但是制度创新力并不是国家创新力形成的根本动力，国家创新力的根本动力是思想文化理念的创新力。在知识经济时代，一项科技创新的提出、一项制度安排的提出，往往是一种新理念提出的结果。创意在前，创制在后，科技创新更在后。新理念带来新创意，新创意带来新技术，新技术带来新的财富，已经是知识经济时代国家创新力形成从而超常规发展的常规经验。所以国与国之间的创新力竞争，核心层是理念层，是一个国家国民的思想文化、观点信念、人格素质的较量。理念创新力正在成为知识经济时代国与国之间竞争的核心内容。很显然，中国的教育尤其是大学教育缺乏先进理念传播的有效机制，起不到知识传播与知识创造者的功能，使大学不能在一国国民的文化理念创新中起启蒙先导作用。国家的理念创新依赖大学的理念生产率。大学对于阻碍创新的理念的反思与扬弃、对于有助于创新的新理念的提供具有专用型人力资本特长，因为大学的真正优势在于其独立、批判、探索、开拓的精神，大学的个性特征就是思想具有一定的超前性，是为整个社会的进步进行思想耕耘的。国家理念创新的任务非大学莫属。大学担当的国家理念创新的重任要求大学的管理有义务最大限度地保护、支持、激励、宣传有利于创新的理念，如果大学生产传播的理念是不创新的、陈旧的、教条的，那么全社会的理念怎么可能是创新的呢！大学是国家理念创新的第一站，也可以说大学是国家理念创新之魂。中国国家创新力之魂只能来自大学。国家理念创新力不高，说明大学对阻碍创新的理念的反思批判不到位，对有助于创新的理念研究不到位。中国现代化发展的历史一再证明，大学是时代的先锋，是思想创新的基地。思想自由、学术自由是所有优秀大学首先遵从的治校原则。

　　进入 21 世纪，世界进入了知识经济的时代，人力资本的知识与创新能力成为一国参与国际竞争制胜的法宝。中国人力资本创新能力的培育是国家现代化要求与国家顺应世界潮流的当务之急。在这样一个严峻的历史任务面前，中国的教育制度无疑要承担最重要的角色。中国教育的创新力从根本上决定国家的创新力。学校不仅是知识传授的地方，更是面向未来创造知识的地方。学校不是一般地创造知识，而是需要科学想象。想象创造了知识经济时代的最大财富，已经是不争的事实。但是，实事求是地讲，目前中国教育管理的制度并不能完全胜任提升国家原始颠覆型创新的任务，在创新主体理念、创新管理理念、创新资本理念、创新组织理念、创新评价理念、创新成功理念等理念创新中无法承担启蒙者的角色。根本原因是目前教育的理念创新功能彰显不够，目前中国学校的教育在应试教育惯性中将教育单纯变成了知识的传授，严重忽视了学校教育面向未来的探索功能。而对未来潜在知识的探索，对学生创新能力的培养还没有一套成熟的教育方式。提出学校应该成为想象力培养的第一策源地，是对学校创新功能的回归。学校为了鼓励想象力的形成，在管理中应该致力于营造原始颠覆型创新的学术自由的创新环境，致力于培育探索型人格特征的形成上。探索型人格特征是在充分学术自由的人文环境中才能产生的。在依法治校的前提下，大学管理如何培养知识分子的独立探索型人格是大学管理制度理念创新的关键。根据知识分子在社会文明进步中的特殊作用，给予知识分子思想探索的自由、学术探索的自由，建立产生原创性的制度氛围，是学校管理的重中之重。在依法治校的前提下，培养科学的独立精神，培养科学的怀疑精神，培养科学的批判精神，培养科学的争论精神，培养科学的开拓精神，培养科学的合作精神，培养科学的竞争精神，培养科学的奉献精神，培养科学的坚持精神，培养科学的想象力，可能是学校管理的根本任务。学校的功能决定了其应该在理念创新上有所作为，改革开放之初，大学在知识引进与知识传授中发挥了巨大作用。进入21世纪，大学在继续进行知识传授功能的基础上，重点强调大学的知识创造功能是国家理念创新力提高的必然要求。现在是重新重视大学知识创造者功能的时候了，只有这样，大学管理才能为提升国家创新力服务。中国实现原始颠覆型创新目标需要教育制度理念的全面创新。

第一，教育目标理念的创新。传统计划体制中的教育目标理念培养的无产阶级革命事业的接班人适应当时意识形态的要求，他们是非常完美的、没有自私自利之心的人。这种教育目标虽然有一定的合理性，但是一旦走到极端便扭曲了教育的现实价值。从传统计划体制向现代市场体制的转轨过程中，虽然以经济建设为中心替代了以阶级斗争为纲，使教育制度的目标理念有条件回归现实世界。但是教育资源的稀缺，加上万般皆下品、唯有读书高的传统文化影响，使随之而来的教育目标实际上变为培养现实经济与社会生活中的职业精英，这种教育目标理念使大多数受教育者感觉不到教育的人性内涵。教育从培养无私的道德人到培养全能的知识人，实际上都反映了中国教育目标的片面性。按照中国现代化建设的要求，教育的目标理念应该是培养身心健康的、充分发展的各种不同类型的人才。教育首先不是培养神而是培养健全的人。让每一个人的自身能量得到充实，使每一个人在社会发展中各成所能、各尽所能、各得其利、各获其悦。每一个人都是可以通过受教育成才的。从传统计划体制向现代市场体制转变，国家从集权人治型向分权法治型转变，教育的特征也随之变化。从中国经济发展的要求看，以信息化带动工业化的中国式现代化直接赋予教育以主导产业的地位。因为知识经济时代人力资本成为社会财富的核心来源，培养人力资本的教育自然成为知识产业链条的第一链环——为经济发展生产各级各类人才。同时，从中国文化发展的要求看，实现民主法治的现代文明就是政治文化现代化的目标，而教育的职能是培育出民主法治时代的新人，是传播与创造民主法制文明。这一职能赋予教育以现代文明孵化器的文化特征。这样一来，教育兼有产业与文化的双重特征。教育培养原始颠覆型创新人才与培养各级各类专业人才的重要性日益显现。

第二，教育内容的创新。传统体制下形成的教育内容的视野不够宽阔。从知识的时间序列看，着眼于对过去形成的理论知识的传授，而不注重对未来知识获取能力的培养上。从知识的空间状态看，注重的是智商层面上的知识，忽视情商、意商、志商、灵商、逆商、胆商、心商层面上的知识。培养的学生比较适应考试，而不太适应实践。比较适应常规，而不太适应创新。从中国科技创新、产业创新乃至整个社会创新的要求看，中国教育内容的视野应由窄变宽。从时间序列看，不仅是传授已有的知识，更是要教会获取新知识、创造新知识的能力，是培养怀疑、批判、想象、探索的能力。从空间状态看，教育不仅是提高人的智商，使人具有知识，更是培养人的情商，使人学会开朗豁达，和谐相处。培养人的意商，使人学会有崇高的理想与百折不挠的精神。培养人的灵商，使人学会创造。从而培育出能够为民族振兴艰苦奋斗的各级各类人才。如果说改革开放之初，教育更多地承担了知识引进传递的角色，还来不及进入知识创造创新的角色情有可原。那么在21世纪，中国现代化已经进入自主创新阶段，教育部门的主要角色就不是单纯的知识引进，而是知识创造。不仅在国内进行知识创造，而且将具有自主知识产权的知识输出国外，参与全球的知识竞争。从教育内容看，我们还没有找到灌输常规型知识与培育超常型默示知识相辅相成的教学方法。目前的教育现状是，我们宁愿不惜牺牲孩子的健康去反复灌输已经常规化的知识，也不愿意给予孩子开发与施展天赋、爱好、兴趣的自由时间。从幼儿园到大学十几年，孩子们承受繁重的常规型知识灌输，不仅损害健康，也磨灭了孩子身上潜在的超常型默示知识。根本原因在于，知识的概念不清，我们连什么是知识本身还没有认识清楚，所以把最重要的超常型默示知识排斥在知识之外，把培育超常型默示知识最关键的教育活动当作了正规教学之外的课外活动。比如，我们的教育把体育、音乐、美术等能力训练和社会实践等课程单纯地看成了与教学活动相矛盾的负担，可有可无，典型地反映了目前教育中的知识理念误区。实际上体育课培育竞争力、合作力，而音乐课培育想象力，美术课培育观察力，社会实践课培养创造力，它们都是超常型默示知识的重要学习方式之一，本来就应该包含在教学内容中。但是在以常规型知识为主的教育中，学校片面追求升学率，以分数论英雄。中考、高考中体育、音乐、美术等成绩没有决定性意义，这就使得教师也好，家长也好，只追求升学率，有调查显示[①]：在升学和考试压力下，我国近70%的毕业班学生在休息日和节假日参加课外辅导，平均每人要参加 3 个辅导班，最多的要参加 6 个。日本青少年研究所 2010 年对中日美三国初、高中学生课外体育活动的问卷调查显示，参加课外体育活动的初中生，中国为 8%，日本为65.4%，美国为 62.8%；高中生，中国为 10.5%，日本为 34.5%，美国为 53.3%。美国 5~12 年级学生每周课外体育活动时间平均为 12.6 小时，每周体育课时间平均为 2.35 小时，学生体育活动主要靠课外。我国学生远达不到此水平[②]。小学生睡眠时间能够达到国家规定基本要求的只占 1/3；初中生能够达到国家规定"至少 8 小时"的仅占 1/10。这两个数值无论从绝对值和相对比较值来说，都是偏低的。而且学生是持续多年睡眠质量连续下降。睡眠时间少的直接原因，来源于沉重的作业负担。报告显示，68%的小学生每天的作业量超过政策规定的 1 小时，47%的中学生每天的作业超过 2 小时，而政策规定，中学生的作业量不能超过 90 分

---

① 杨晓升. 多角度审视应试教育的弊端. 齐鲁晚报，2005-09-15.

② 刘伟平. 中小学生睡眠不足课业负担重. 郑州日报，2014-06-22.

钟。不夸张地说，中国学生在繁重的常规型知识灌输中不仅损害了健康，也磨灭了潜在的创造力。

第三，教育管理体系的创新。在传统体制下，以管理者为中心，在一定程度上忽视了其他教育主体的权利。一是忽视教师的权利，教师的教学围绕行政主管部门的意图进行，对于教育决策的发言权有限。原本在学校应该具有的学术权威往往依附于行政权威。二是忽视学生的权利。应试教育管理在一定程度上忽视了学生的自我教育主体性、自主独立性、潜在的创造性。填鸭式教学、繁重的课业、无休止的死记硬背在一定程度上抑制学生的个性和兴趣，影响学生的身心健康，从而造成对学生权利的轻视。从教育管理的大范围看，这样的教育管理也在一定程度上忽视了家长的教育权利，家长不能作为教育主体平等参与学校的管理中。只能围绕着学校应试教育的指挥棒，片面强调孩子的学习，不惜牺牲孩子的休息娱乐，忽视孩子的道德信念培育，用苦役式的超强度安排使孩子达到应试教育的要求。另外社会教育与学校教育脱节，学校教育不能充分利用社会力量形成现代开放型教育。

第四，教育组织结构的创新。中国教育目前的组织结构是纵向等级型加学科分立型。所谓纵向等级型的组织结构是指学校尤其是公办学校按照行政级别进行组织设置，这种行政级别的组织设置又与学科的细致划分相结合。学科与学科之间缺少必要的交流与融合。学者之间自发组织的横向型学术团队尤其是跨学科团队严重缺乏。学校内部纵向等级型加学科分立型的组织结构在一定程度上耗散了中国个体人力资本的原始创新能力，使中国目前的科技水平、人文社会科学的水平提升速度低于潜在的可提升速度。

从学校与社会组织之间的外部关系看，缺少学校与学校之间、学校与科研单位、学校与研究院之间、学校与企业之间、学校与社区之间、学校与市场之间、学校与社会团体之间、学校与社会中介之间的横向交流机制与横向合作组织。

学校外部的自组织系统薄弱。横向型合作组织的缺乏对于中国教育创新力的形成也十分不利，不能以学校为核心，形成全社会有效的科研创新网络、教学创新网络，使中国的社会资本相对缺乏。中国目前急需有利于原始颠覆型创新人才创新的自发性横向合作网络，没有与企业、市场、社会团体之间的联系，学校就像个孤岛。纵向等级型学校组织结构对于中国国家原始颠覆型创新能力的形成有严重的阻碍，在创新已经成为时代主旋律的今天，这种组织结构的改革势在必行。从教育组织结构看，简单地以学科划分院系使各组织之间既狭窄又隔离，非常不利于跨学科研究，而知识经济时代的学科研究特点就是跨学科的。国家创新的理论研究与实践发展都要求学校组织从纵向行政组织模式为主逐步向横向合作团队模式为主转化，能够适应创新需要的大学的组织结构应该是专家、教授在兴趣、特长基础上构成的横向合作团队。这种合作团队既可以是专业内同仁组成的，也可以是各学科专家组成的，政府的行政管理只是为这种横向合作团队提供优质服务和调控，这样一来学校才充满活力。比如，大学的学术生命根本源于大学教授、专家的学术研究活力，这种研究活力有其自身形成的逻辑。但是我国目前的大学组织结构是纵向等级型居多，横向合作型居少。大学的内部管理缺陷对于社会的不良影响是边际递增的，传播与创造知识的部门都出现了浮躁与虚假的现象，对其他部门的浮躁与虚假现象在一定程度上起到了推波助澜的作用。从瑞士洛桑管理学院的国际竞争力报告的创新合作评价指标看，中国的排名比较靠后，同是发展中大国，印度、巴西在创新合作方面的排序都在中国前面。这项指标的主要内容是政府研究机构、大学与企业之间的研究与产业化过程的合作，如风险投资对企业的支持度，旨在讨论知识的流动和科技成果转化。中国排名靠后显示大学、科技部门、企业、社会中介、市场、政府部门等横向合作较为薄弱的结果。中国大学的科技成果占全国科技成果的 70%，但大学科技成果的转化只占全国科技成果转化的 10%。科技成果的研究、开发、孵化、生产、营销没有能够按照市场要求形成"一条龙服务"，大学在科技成果转化链条中的作用没有有效发挥。从科技创新力量的结构关系看，中国目前十分突出的问题是无法将社会各方面的人力资本创新潜能组合成国家层面的群体人力资本现实创新力，各路创新力不能拧成一股绳，反而由于内耗而降低了群体人力资本创新力。显而易见，大学管理制度探索与社会各个领域的横向合作，对于改变目前的社会组织结构各自为政、相互抵消的状态有重要示范和推动效用，仅仅通过组织结构沟通联合，就可以使中国的国家创新力成倍增长。大学应该在有利于创新的制度建设上有所作为，起到示范作用。

第五，教育评价机制的创新。由于中国教育的管理是行政本位，所以中国教育的评价体系主要是由行政部门组织的自上而下的评价，是上级对下级的评价。教育行政部门的评价固然需要，但是教育领域毕竟不是行政机关，除开极少数必要的教育管理部门上级对下级的评价外，更多地需要社会第三方专业机构的评价，需要自下而上的评价，需要同行的评价，需要市场的评价，更需要社会的评价。例如，教师对领导的评价、学生对教师的评价、学生对行政的评价、人才市场对人才的评价、社会同行的评价等，需要形成一个立体交叉的评价网络。

中国教育评价机制的创新，除进行教育评价机构的变革以外，还需要对教育评价的内容进行变革。中国教育评价的内容存在着重量轻质、重形式轻内涵的片面性。比如，对学生的评价更多的是看考试成绩的排名，诸如心理素质、科学修养、社会公德、性格情感、意志品质、理想信念等关乎人的健康发展的指标在学生的升学、评优中都退到次要地位，缺乏一套全面综合的考评指标与考评程序，对学生的全面发展极为不利。

对教师工作的评价内容也需要变革。目前教师的科研评价更多地注重数量忽视质量，要求教师写几篇文章，讲多少课，在什么级别的杂志上发表文章，带几个研究生等。对教学科研的量化考核越来越多，但是真正体现教学科研质量的考核却不见完善。应该设计更体现科研教学品质的教育评价内容。将量的考核与质的考核相结合，将他人评价与自我评价相结合，将短期评价与长期评价相结合，使中国教育的评价制度真正反映教育的实际状况，真正促进教育的健康发展。

第六，教育发展模式的创新。一个国家的教育发展模式，与一个国家的经济发展模式及社会发展模式往往是相辅相成的。在20世纪后半期的改革开放初期，与中国经济发展的粗放型发展模式相伴随，中国的教育发展模式也是一种粗放型的发展模式，其标志是较多关注人力、物力、财力的投入数量，关注学校规模的扩展，关注科研教学的产出数量，关注知识传授知识引进的数量。进入21世纪，中国的经济社会发展模式正在经历从粗放型向集约型的转变。科学发展观的提出，使一味追求资源的投入，不讲投入的成本、不讲产出的效益的状况初步被扭转，生态经济、循环经济、节约经济、高效经济、知识经济、创新经济的理念正在逐步形成。和谐社会的提出也正在改变着整个社会发展模式，与经济社会的科学发展模式相伴随的教育发展模式也应该从粗放型向集约型转变。树立教育的科学发展观，从只注重教育资源的量的投入转变为同时注重教育资源质的提高，从只注重学校规模的扩展转变为同时注重学校规模效益，从只注重教学科研的数量的产出转变为同时注重质量的提高，从只注重知识的传授与引进到注重知识的探索与创新。教育不仅仅是培养能学习知识的人，而且是培养能创造知识的人。应从单纯地追求铺摊子，扩展合并到追求内在的集成，质量的提升。

中国教育的发展模式在从粗放型向集约型转化的同时，也要适应中国政治文明建设的需要，从集权型向民主型转化，在坚持教育的科学发展观的同时坚持教育的民主发展观。以人力资本的凝聚力与创造力的形成为核心进行教育制度模式的转型，真正在管理体制上向国际一流教育努力，从而达到教育发展模式的系统转型。明确教育的质量不是由上级领导的喜好而定，不是由中考、高考的分数而定，不是由学校规模的大小而定，而是由每一个学生是否健康全面的发展而定，由教育是否适应科技创新、经济发展、社会文明进步的需要而定。注重实效，去除浮夸，将发展的速度与发展的效益相统一。建立起教育投入与教育产出的比较分析系统，踏踏实实办教育，使中国教育真正适应中国创新的需要。

第七，教育方法的创新。建立学生的自治型学习机制。自治型学习是直觉突破式创新主体培育阶段，是关系到一国或一地区胜任原始颠覆型创新的人力资本数量多少的关键步骤。自治型学习使学生有权发挥自己的个性特长，追求兴趣爱好。国家教育和培训系统把老师向学生灌输常规型知识作为教育的辅助职能，把老师指导学生通过自身兴趣爱好积累和培育超常型知识作为教育的主要职能，即便是没有原始创新能力的学生，也允许他们通过兴趣爱好的追求自我判断和寻找适合自己的职业专项。我们通常都把儿童、年轻人身上表现出来的个性特长、兴趣爱好、激情梦想当作还没有成年之前的无知或者幼稚,力图用所谓正规的教育使他们成熟起来。殊不知,儿童、年轻人身上潜在地存在的正是直觉突破式创新最需要的知识——超常型默示知识。中老年人通过经验积累和学历教育,具有更多的明示知识,尤其是专家学者具有原始颠覆型创新需要的超常型明示知识。儿童、年轻人虽然还没有成熟的生活经验和学历教育,看起来明示知识缺乏,但是却潜藏着原始颠覆型创新最需要的超常型默示知识。与常规型默示知识相比,超常型默示知识是具有最大经济价值和社会价值的知识。如此复杂的知识分类没有被完整地体现在中国的教育系统中。我们错把常规型知识的灌输作为教育的重点,殊不知学生根据兴趣爱好自治型学习才是教育的根本。

为此中国教育方法改革的重点在于尊重激励和保护培养学生作为直觉突破式创新源泉的个性特长、兴趣爱好、激情想象、创意灵感的知识内涵——超常型默示知识,尊重与保护的基本体现是创造自治型学习的教育环境。以自治型学习为核心的教育有以下特征。

引导教育——在学习的过程中,教师以启发式教学自始至终充满对于年轻人自我发现超常型默示知识的引导,学校不局限于给学生灌输书本上的明示知识,而是激励学生在校期间充分认识和发掘自己身上潜在的天赋、特长、兴趣、灵感、潜能。教师开设必要的专业基础课程以及人格素质培养的课程,也是为了有利于学生在积累完善自己的兴趣爱好过程中产生创意灵感,提高创新素质和能力[1]。

权利教育——允许每一个体自由探索的教育制度必须是以尊重和保护学生的基本权利为前提的。在学习上,学生有兴趣发展权、身心健康权、实验探索权、想象创意权、独立思考权等。比如,学校的作业过多影响到学生的健康,学生有拒绝写超量作业的权利,而不是只依靠行政指令的方法解决问题;学生作为学校管理的基本主体有参与决策权、有表达批评权、有协商对话权、有利益维护权等。通过权利的应用提升学生的责任,有利于学生全面而自由的发展。

激励教育——当学生能够在追求兴趣爱好中产生创新创业的灵感,会得到老师和学校的系统支持。也许学生的创意灵感并不成熟,支持其创意灵感实现的基础知识准备不足,老师和学校应一方面帮助学生丰富完备自己的知识基础,另一方面则给学生的创意灵感实现创造环境条件,而不是简单地抑制或否定。自由探索的活动造就学生自我发现和自我实现的机会。符合原始颠覆型创新要求的教育一定有这样的教学宗旨:年轻人将自己长期积累,反复实验的兴趣爱好提升到激情想象、创意灵感的高度,虽然并不完全清晰细化,但是这种高度是创新起步的

---

① 汤小红. 教学创新如何在教学活动中实施. 宜兴市教育学会 2009 年度优秀论文集, http://www.docin.com/p-64279273.html, 2010-07-14.

试水。学校教育要做的是完善激励制度——持之以恒的激励制度。相比较通过市场与社会自治发掘现有的原始颠覆型创新人才，通过教育制度培育未来的原始颠覆型创新人才更为关键。找到灌输常规型知识与培育超常型知识相辅相成的教学方法，探索超常型知识培育和应用的规律，在学习书本知识的基础上，持续培养学生的观察思考能力、分析批判能力、想象开拓能力、创意试错能力、实验操作能力、排困解难能力、协同合作能力、组织规划能力[①]。为此中国教育改革的重点在于发掘、激励和培养学生作为原始颠覆型创新源泉的个性特长、兴趣爱好、激情想象、创意灵感的知识内涵——超常型默示知识，教育需要促使儿童和年轻人自我发现超常型默示知识的引导制度，尊重他们的创意权。

---

① 杨晓升. 多角度审视应试教育的弊端. 齐鲁晚报，2005-09-15.

第四章　原始颠覆型创新与社会组织网络

第一节　超常型人才的自我开发通过自组织实现

超常型默示知识的拥有者是从自我开发、自我探索开始的，超常型默示知识的专用性合作先是小众的，即专用性合作的前提，源于超常型默示知识拥有者认识到对方具有的未来潜能而产生的互相欣赏和互相吸引，靠自己建立合适的非正式组织，将各类人力资本、非人力资本等诸要素整合到一起，实现超常型知识的价值创造。拥有超常型默示知识的人力资本所有者之间的合作通过各种私缘关系起步：爱好之间的趣缘、灵感之间的心缘、目标之间的志缘、性格之间的气缘、精神信念的神缘、亲人之间的血缘、朋友之间的情缘、同乡之间的地缘、同学之间的学缘、同事之间的业缘、个人利益的物缘等。斯坦福大学的学术团队是从这些关系开始的，硅谷小企业的创业也是从这些私人交往关系开始的，如雅虎的两个创始人是同学和朋友关系，谷歌的两个创始人也是同学和朋友关系。各种非正式组织关系与正式组织关系的交织导致硅谷的原始颠覆型创新的组织结构是多种而不是单一的缘分的综合。依靠这种非正式的组织结构关系构成的社会网络，工程师不仅可以在同一行业的公司之间跳槽，他们还从一个行业或行业部门跳到另一个行业或部门，从技术公司跳到风险资本公司或大学研究机构，而斯坦福大学的教授也可以到企业当顾问，转移自己的科研成果，甚至可以停薪留职创业，学生也可以休学创业或到企业兼职。依凭跨组织的链条，松散地织造了硅谷的创新创业网络。

原始颠覆型创新的社会自治组织网络中的主体有以下几种。

首先是学术共同体的社会自治。各个学科、行业、领域内的专家学者的专业知识和专业技能，表明专家学者在充分掌握常规型明示知识的基础上具有本专业的超常型明示知识，是超常型默示知识的总结研究传播者，而本人也是上一轮原始颠覆型创新的超常型默示知识应用者。专家学者的超常型明示知识对于年轻人处在萌芽期的超常型默示知识有鉴别、发现、培育、引导、扶持、保障的巨大功能。让专家学者成为年轻人超常型默示知识的发现者、培养者、资源配置者充分发挥专家学者具有的超常型明示知识对年轻人的指导和识别功能,让专家学者充当培育年轻人的主角。根据原始颠覆型创新需要的学者的学术共同体有利于超常型明示知识的运用。

学术共同体在大学与科研机构生长。大学的主要功能是进行基础性研究和创新型人才的培养,而且学术共同体的生长是大学实现功能的组织载体。大学的行政院系所是为学术共同体的创新服务的,也许正是大学学术共同体的组织方式才导致超常型默示知识激发与流动的顺畅,从而使大学能够承担原始颠覆型创新的引导功能[①]。从社会经济和高科技发展史来看,许多带动社会经济发展的重大突破性成果都来源于大学。迄今为止,影响人类生活方式的重大科研成果的70%诞生于大学,第六次科技革命的基础科学研究如信息、量子、材料、生物等新兴学科都发端于大学。在人才培养方面,目前全世界公认的 20 个创新型国家和地区中[②],云集了全世界85%的各学科领域引用率最高的原创性人才,而这些国家和地区71%的原创性人才聚集在该国家或地区的大学内。与企业相比,大学不以营利为目的,是一个国家或地区基础研究的主要承担者。虽然基础研究具有较大的不确定性,然而一旦取得成果却能够提升整个社会的福利水平,具有公共物品的性质,因此这就需要一类不需要利润激励的机构来从事这样长期性的工作。

科研机构也是超常型默示知识拥有者组成的学术共同体、科学爱好者。创新必先思想自由,思想的自由不仅是产生创新动机和创新行为的前提,而且其还与知识的学习相连,与知识的积累相连,与知识的更新相连,与创新能力的培养相连。贝尔实验室原研究总监 H. D. Arnold 提出,研究是人类对自然及其现象之间关系的探求,它应当是大胆的、不迷信的、无偶像的,像一台推土机开进荒野,开出一片沃土。任何有利于思想交流的方式都值得提倡,如茶时漫谈、研讨会、学术报告会、俱乐部、晚餐闲谈以及内外多方交流等,或在任何大学门口的小餐馆,实验室附近的咖啡馆,实验室的自助餐厅促膝谈心。宽容和宽松的氛围对于思想交流和形成好的想法,是最重要的。苏格兰理论物理学家和数学家 J. C. Maxwell 提出,不应陷入低水平的中庸之道,应当受到知识性和实践性的崇高目标鼓舞,攀升到大气风暴区域之上,进入清静的领域,使一种思想与另一种思想在最接近真理的地方紧密接触,求得最佳的效果。可见思想和思想交流的自由产生创意。早期的科学家们就在研究中逐渐意识到交流、讨论、协作的必要性,于是自发成立了一些小团体,如伽利略参加的"自然秘密研究会",托里拆利和维

---

① 李研. 中国创新经济研究前沿:创新经济的治理结构. 北京:中国人民大学出版社,2017.

② 目前世界上公认的创新型国家有 20 个左右,包括美国、日本、芬兰、韩国等。这些国家的共同特征是创新综合指数明显高于其他国家,科技进步对经济增长贡献率在70%以上,研发投入占 GDP 的比例一般在2%以上,对外技术依存度指标一般在30%以下。

维安尼建立的"齐曼托研究院"。18 世纪至 19 世纪，科学社团、实验室、天文台、研究所、科研工作室等不断涌现，使科学研究迅速发展到一个较高的水平，继而形成了不少专门促进和从事自然科学研究的机构，如英国的皇家学会、法国的巴黎科学院、德国的柏林科学院等。到了现代，各个国家都相继建立起了不同层次、不同水平、不同规模的科研机构，而科研机构内的学术共同体按照科学家的研究特长与研究兴趣自由组合。

专家学者的学术共同体本身是超常型默示知识的拥有者，从而是原始颠覆型科学技术创新的主体，同时是用自己的超常型明示知识引导经济领域科技成果转化年轻人的超常型默示知识的主体，也是将年轻人的超常型默示知识上升为超常型明示知识的主体。年轻人的超常型默示知识不能用语言和文字系统地表达，只有先在实践的过程中体现出来，专家学者将超常型默示知识提炼为超常型明示知识，可以将原本不能用语言和文字系统表达的知识变成可以用语言和文字系统表达的知识——超常型明示知识，因此将超常型默示知识的个体性、潜在性特点提升为现实性、群体性特点，为超常型知识的社会认可和社会传播奠定了基础；专家学者在提炼的过程中用专业的语言和文字所做的归纳和概括，完善了处在自发状态的超常型默示知识，将具有模糊性、试错性特点的超常型默示知识提升为具有清晰性、规范性的超常型明示知识，将经验上升为理论；专家学者对超常型默示知识应用的失败进行总结，将具有变动性、发散性特征的超常型默示知识提升为具有内聚性、稳态性的超常型明示知识，缩短了人们创新创业的成功历程，减少了人们创新创业的时间成本；专家学者对超常型默示知识的提炼揭示了科技和社会发展的内在规律，减少了人们在处理人与自然关系、人与人关系、人与自我关系中的盲目性，将专用性、依存性的超常型默示知识提升为一般性、规律性的超常型明示知识，增加人们的自觉性；专家学者对超常型默示知识的提炼也激励人们产生面对未来解决现实问题的动力。专家学者将超常型默示知识、超常型明示知识到常规型知识的流程打通。专家学者将实践中的超常型默示知识提炼成超常型明示知识，带动拥有常规型知识的人力资本所有者，由此形成全国的创新局面。

其次是进行科技成果转化而创新创业的年轻人的社会自治。创新创业年轻人身上的超常型默示知识具有个体性、潜在性、易逝性和发散性特点，他们之间的结合一定是在互相欣赏和吸引的基础上的自主型合作。市场与社会主体在原始颠覆型创新流程中的各个阶段：种子期—成长期—成熟期—转型期的自治组织多元并存，如市场中有自治组织：创客空间、天使投资、企业、科技经纪人、风险投资、产业联盟、律师事务所、会计师、猎头公司、新三板、中小板、创业板、资本市场等；而社会中有自治组织：孵化器、高校、研究院、基金会、协会、商会、产学研联盟等。

创新创业型企业是原始颠覆型创新生产的基本来源[①]。原始颠覆型创新产品或服务的诞生，是市场空间内众多创业家通过企业组织形式合作的结果。企业内外合作创新的动力，来自不断发生的企业家创新创业行为。在一个创新创业活动活跃的市场经济中，企业不仅是产权明晰、自主经营、自负盈亏、自我发展的经济实体，也是从 0 到 1，"无中生有"创造的主体。企业往往表现出较强的异质性和互补能力，企业只有依靠科技创新、工艺创新、管理创新、组织创新、市场创新等创新行为来维持生存发展，否则就会被市场淘汰。企业创新共同体大致分为创新创业型企业、创新服务型企业和创新投资型企业。

创新创业型企业是指被科技型企业家创立，拥有自主知识产权，寻求可持续发展的商业模式的企业，一旦找到基于自主技术的商业模式，就会具有较高的成长性。英国《经济学家》杂志的调查发现，美国 75%的上市公司都是以自己的知识产权作为发展的基础的，美国的小型创业型企业在这一点上更为明显，几乎全部都拥有自己的专利。创业型企业是市场空间内最活跃的治理主体，兴办创业型企业的科技型企业家是创新经济发展最重要的推动力量。市场空间内的创业型企业，不单指处于初创阶段的科技型中小企业，也包括已经成功的创业型大公司。由于这些曾经经历创业阶段的大公司，既具有自主创新的科研力量，也具备支持科技创新的雄厚实力，在企业内激励自主创新的同时，它们经常通过收购新的创业型企业巩固其市场地位。

创新服务型企业是围绕创新创业型企业服务的市场重要主体，是原始颠覆型创新网络中的中介性自治组织。创新创业型企业是原始颠覆型创新经济发展的核心主体，但是创新经济的条件集聚、科技成果转化的动态连续性为实现科技成果的技术与经济价值，提高生产力水平而对科技成果所进行的后续试验、开发、应用、推广直至形成新技术、新工艺、新材料、新产品，发展新产业的系统技术、系统价值以及系统管理工程都需要系统的专业服务。从动态角度看，创新创业企业有孵化、成长、成熟的客观过程，很多选择自己创业的企业家前身是科技人员、教师甚至年轻的学生，第一次创业的他们往往缺乏创业的经验，缺乏法律、财务、金融、人力资源等方面的专业知识，因此需要专业的创新服务型企业为他们提供帮助。即便是创新创业经验丰富的企业家，也需要根据分工合作的投入产出效率，寻求专业化的生产服务。例如，创业者们需找到专业的注册会计师，为新公司计划安排财务事项，以及寻找猎头公司或人才中介为其招聘员工，需律师提供专业的法律服务等。

创新投资型企业里的金融服务对于创业型企业的动态生长至关重要，尤其是在孵化阶段的服务至关重要。比如，天使投资企业作为权益资本投资的一种形

---

① 李研. 中国创新经济研究前沿：创新经济的治理结构. 北京：中国人民大学出版社，2017.

式，是指自由投资者或非正式风险投资机构出资协助具有专门技术或独特概念的原创项目或小型初创企业进行一次性的前期投资。与正式的风险投资不同，天使投资是一种非组织化的创业投资形式，其资金来源大多是民间资本，而非专业的风险投资商。天使投资人不但可以带来资金，而且也能带来联系网络。如果他们是知名人士，还可提高公司的信誉。

风险投资是服务于成长阶段企业金融服务的组织，由专业人员管理，以资金换取企业股票为投资形式的资金[①]。风险投资企业的实质是一种资金中介机构，因为风险投资商用于投资创业型企业的资金实际上也不是风险投资商自己的。风险投资一般没有抵押和担保，投资的对象常常是科技型创业企业，它看重的是投资对象潜在的技术能力和市场能力，因而面临很大的风险。一项新的科技成果转化为一种新产品，中间要经过技术研究、产品试制、中间试验、扩大生产和上市销售等多道环节，每一道都有失败的可能。因此，风险投资具有高风险性。依靠风险投资建立起来的高新技术企业生产的产品或服务，性能好、附加值高、市场竞争能力强，企业一旦成功，其投资利润又会高于传统产业和产品。与传统信贷只提供资金而不介入企业或项目管理的方式不同，风险投资商将风险资金投入某个企业后，自始至终都参与公司的管理，从产品开发到商业生产，从机构的设置到人员的安排，都离不开风险投资商的积极参与。

由于创业活动的活跃程度对于原始颠覆型创新能否产生至关重要，因此，在创新经济的市场空间内，必然存在着一个发达的创业服务行业。创业服务型企业的专业化程度，或者说一个国家或地区创业服务业的发展水平，与该地区的创新能力是直接相关的。由于创新经济的发展水平不同，不同国家或地区创新服务型企业的丰富程度也不一样。从创新服务企业的发展程度，也可以看出一个地区或国家的原始颠覆型创新能力。

创新创业型企业和创新服务型企业是市场主体追求利益最大化的自治组织，在市场主体自治的基础上，社会主体自治是以非营利部门为主体的自治，是原始颠覆型创新自治网络的第二层面，包括自组织的协会、商会、公共交流平台等[①]。大量的协会、商会、产业联盟、产学研联盟、基金会等社会组织经常能够扮演沟通政产学研市企金等中介的角色。

行业协会或商会等是行业内企业自愿组成旨在促进全行业成员利益的团体。行业协会或商会作为一种自发组织，反映了各行业企业自我服务、自我协调、自我监督、自我保护的意识和要求。从性质上看，行业协会具有行业性、会员性、非营利性、非政府性等特点。行业性意味着行业协会以市场经济中客观存在的业种、品种、工种等行业差异作为组织标志，形成不同类型的行业协会。会员性是

① 李研. 中国创新经济研究前沿：创新经济的治理结构. 北京：中国人民大学出版社，2017.

指行业协会在构成上属于会员制社会组织，由各种形式的会员（单位会员、个人会员）构成，会员制是行业协会的制度基础并由此决定了其利益边界必然以会员利益为转移。非营利性是指行业协会虽以谋求会员利益为目标，但其自身运作并非以营利为目的，而是要致力于谋求会员的共同利益，组织活动所产生的剩余不得进行分红。非政府性是说行业协会不是政府机关及其附属，也不采用行政式的管理与运作机制。

产业联盟或产学研联盟的治理作用首先体现在帮助突破阻碍技术发展和产业发展的社会旧规则、培育原始颠覆型创新的产业价值链，以及组织创新型企业制定技术标准等方面。原始颠覆型创新成果由于具有较强的超前性，往往能够引领新兴的科技潮流，创生出一个全新的产业或引领整个产业的升级。产学研联盟可以串联成研发到市场化的价值链条，让分散的社会和市场主体共聚于专业化的科技成果转化中；新产业的出现和发展，意味着产业共性问题的出现。单个企业能力弱小，无法形成和社会利益集团和政府博弈的能力，而由众多企业形成的产业联盟，则可以推动政府出台支持政策，也可以与相关利益集团形成对话谈判的实力。另外，产业联盟或产学研联盟由最接近市场的科研共同体或学术共同体与企业合作构成，在提供有利于创新的资源配置或公共服务方面，其治理效果比政府更好。相比较产业联盟，产学研联盟则能够在整合学校、科研机构、企业科技研究及成果转化的各种资源方面，实现从科技研发到科技成果产业化市场的整个转化过程的顺利进行。

基金会是指利用自然人、法人或者其他组织捐赠的财产，以从事公益事业为目的成立的非营利性法人。基金会分为面向公众募捐的基金会和不得面向公众募捐的基金会。公募基金会按照募捐的地域范围，分为全国性公募基金会和地方性公募基金会。基金会是对兴办、维持或发展某项创业而储备的资金或专门拨款进行管理的机构，一般为民间非营利性组织。宗旨是通过无偿资助促进社会的创新创业、社会福利救助等公益性事业的发展。基金会的资金具有明确的目的和用途。比如，比尔和梅琳达·盖茨基金会的捐赠范围为全球发展、健康、教育。eBay 创始人奥米迪亚夫妇的基金会则是积极支持个人潜质的发掘。怀特基金会则将主要精力放在古代研究、艺术、人文科学上。中国这几年成立的基金会也逐渐走出传统捐赠范围。比尔·盖茨认为基金会不但是一个慈善机构还应该是一个能赚钱的机构。因此，在盖茨基金会中盖茨聘请优秀的理财专家为其进行多项可增值的投资。老牌基金会福特基金会也是通过经营多种多样的投资组合来实现基金的增值。

原始颠覆型创新人力资本所有者在原始颠覆型创新中发挥各种关键作用，其是以市场主体自治与社会主体自治为特征的组织系统为载体的，自治型合作是直觉突破式创新的人力资本的结合方式。原始颠覆型创新人力资本所有者开始原始创新的启动、试错、冒险、解释、主导的作用，尤其需要市场自治和社会自治进行管理。一般的常规性行政组织或公司科层组织不能完全满足原始创新者的创新需要，原因在于超常型默示知识的应用不能等待常规性组织的按部就班的批准程序，也不可能首先被大众迅速认可。超常型知识的专用性合作首先只能是小众的，即专用性合作的可能性，源于超常型知识拥有者认识到对方具有的未来潜能而产生的互相欣赏和互相吸引。互相欣赏者无法靠正式的组织组合起来，必须靠自己建立合适的非正式组织，才能将各类人力资本整合到一起，实现超常型知识的价值创造。例如，自组织的小企业、自组织的小银行、自组织的天使投资、自组织的风险投资、自组织的科研团队、自组织的教学团队、自组织的中介服务、自组织的评估机构、自组织的社区管理、自组织的学校管理、自组织的实验室管理、自组织的诚信管理、自组织的协会商会与公共交流平台等。在超常型明示知识和超常型默示知识的自组织系统周围，有大量按照原始创新要求而产生的猎头、法律、会计等市场和社会的自组织服务机构为原始创新服务，构成错落有致而张弛有度的横向合作组织系统。超常型知识的组织具有横向化与网络化的特点。创建超常型默示知识的知识管理系统需要组织创新。超常型默示知识的主体是年轻人，知识主体结合的依据是超常型默示知识拥有者之间的互相欣赏和吸引，他们之间的结合一定是在互相欣赏和吸引的基础上的横向合作。横向合作的自组织可以与纵向管理的正式组织并存，激活组织的活力。

第一层如自组织的科研团队、自组织的教学团队、自组织的学校管理、自组织的实验室管理。

第二层自组织的创业创新型企业、创业型市场营销组织、创业创新型研究院、创业型科技成果转化中心。

第三层自组织的天使投资、自组织的风险投资、自组织的小银行。

第四层自组织的中介服务、自组织的评估机构、自组织的社区管理。

第五层自组织的诚信管理、自组织的协会商会与公共交流平台等。

社会组织结构呈现横向合作架构而不是纵向等级架构。创新型组织的起点是超常型默示知识拥有者之间的互相欣赏和吸引，这样产生的组织起点只能是自由的横向交流与合作的非正式组织；正式的行政等级组织天生不是创新的发动机，如果行政等级组织自以为是创新的发动机，包办干预创新，则会因行政组织的强势遏制真正的创新，因为超常型默示知识拥有者自发形成的非正式组织是脆弱而稚嫩的，恰恰需要正式行政组织的扶助。

超常型知识的组织具有横向化与网络化的特点。创建超常型默示知识的知识管理系统需要组织创新。政府培育市场主体和社会主体的自治组织，无须直接介入创新型自组织系统的建立，而是在尊重和保护横向合作组织架构的基础上，行使法治规范、执法引导、服务协调、财政补贴等职能，保护横向自治组织的活力，实际上增加了政府的权威。因为超常型默示知识拥有者自发形成的非正式组织是脆弱而稚嫩的，恰恰需要正式行政组织的扶助。

形成国家原始颠覆型创新的组织生态系统也可称为国家创新系统，它从微观、中观、宏观层面构建。

微观层面：在科技研发的环节，是原始颠覆型创新科研开发的学术团队、学术共同体。学术共同体或学术团队都是自发的、变动的。在技术创新环节，是便于创新的小型企业。在创新成果转化的环节，是围绕创新所需的市场中介。在创新服务的环节，是为创新服务的社会团队。所谓产学研用之间的关系就是这样逐步发展起来的。在私缘关系基础上建立的社会微观自组织有可能在职业关系、行业关系、阶层关系、权利关系、地区关系层面上形成社会中观自组织，在年轻人自由组合基础上的自下而上的中观自组织。

中观层面：以行业领先企业为龙头，形成产业化网络。大企业与中小企业形成的企业链条，主导企业与配套企业形成的分工链条，上游企业与下游企业形成的经营链条，生产组织与专业服务型企业形成的互助链条，市场主体与社会组织形成的聚合链条，社会组织与政府组织形成的公共服务链条，社会组织与政府形成的监督管理链条。

宏观层面：政府和非营利性组织。在区域创新系统的发展过程中，地方政府机构不仅要直接资助公益性或基础性的研究项目，而且要发挥在区域内的制度创新和政策安排方面的相应功能，为区域创新系统内其他行为主体充分高效的互动提供良好的制度、政策环境。一些非营利性组织提供的公共服务，促进区域内外的知识交流和信任，增强科研院所、大学的科技研究能力，激励企业的技术创新与产业化能力。因此，政府和非营利性组织在创新系统中提供外控变量，是创新系统制度环境的组织、建设和维护者。

微观创新自组织和中观创新自组织构成创新的社会组织系统，将从事创新的社会组织与国家组织进行对接。国家与超常型知识拥有者在互相理解基础上的宽容—对超常型知识失败—再创业的筛选评价过程的宽容尤为关键；在宽容的基础上吸纳，并给予支持；引导愿景战略和重点领域的创新国家工程。国家宏观调控在原始颠覆型创新中的作用是重要的，但是这种作用的内涵却是全新的：超常型默示知识创新实践的自组织、超常型默示知识专业服务之间的自组织、超常型默示知识与超常型明示知识对接的自组织需要国家法治的引导规范、孵化激励与监督规范。国家组织依靠社会组织的活力保持活力，在社会创新组织需要的基础上确立国家组织的创新职能。保持国家组织创新职能，需要政治组织的开放竞争与社会监督空间上的法治规范①。

第二节 原始颠覆型创新组织的区域集聚生态

　　超常型默示知识具有高级人力资本的专用性和依存性特征，即具有超常型默示知识的人才之间的天然默契，这种默契成为他们自我组织的根基。但是超常型默示知识拥有者与常规型默示知识拥有者之间没有这种默契，反而，常规型知识拥有者对于超常型默示知识拥有者在一定时期内会产生排斥和冷落，原因在于超常型默示知识不可能首先被只具一般性常规知识的大众普遍认可，也不能被常规性组织的领导人及时赏识。所以一般的常规性行政组织或公司组织不能完全满足超常型默示知识拥有者的专用性和依存性需要，如果超常型默示知识能够被常规性组织的领导层共同赏识接受，那么美国创新经济的发源地就是128公路地区而不是硅谷。128公路地区的大公司规模，生存历史以及和政府的紧密关系都是硅谷创新型企业所不能比拟的，但是恰恰是这些正式组织因素在一定程度上阻碍了128公路地区的创新速度②。硅谷之所以成为原始颠覆型创新的栖息地，很重要的一点在于市场与社会自治组织形成硅谷独特的社会资本网络，超常型默示知识拥有者的合作虽然是小众的、从非正式合作组织起步的，如斯坦福大学鼓励科研人员和广大师生创业。高科技企业与大学之间不仅在研究开发上默契合作，而且高科技企业将大学作为科研开发人才的生产和培训基地。谷歌公司创业者本身是斯坦福大学的毕业生，谷歌公司又与斯坦福大学合作，斯坦福大学为谷歌公司提供人才，谷歌公司则为斯坦福大学提供经费；同时，硅谷周边的大学也高度重视与企业的合作，但是硅谷的正式组织对非正式组织的孵化能力，成为非正式组织产生的肥沃土壤。正式组织与非正式组织协作，形成原始颠覆型创新独特的社会资本：大学和科研机构。大学和科研机构对区域创新的作用主要体现在提供科技支持和人才支持。同时，大学和科研机构也是企业家精神的孵化器，成为区域超常型知识交流的交汇点。大学和科研机构的科研可以有效地直接提升区域的技术创新，同时通过这些机构的培养，可以更好地促进企业家的成长。作为高等教育机构的大学对美国硅谷的成功起到了非常关键的作用。斯坦福大学以及在加利福尼亚州大学伯克利校区都是举世闻名的研究机构孵化器，培养出很多高技术的科学

　　① 徐冠华. 科技创新与创新文化——在香山科学会议十周年纪念会上的讲话. 中国基础科学，2003，（6）：5-7.
　　② 萨克森尼安 A L. 地区优势：硅谷和128号公路地区的文化与竞争. 曹蓬，杨宇光等译. 上海：上海远东出版社，2000.

家、工程师和创建一流高科技公司的企业家，包括惠普、英特尔、雅虎等已成为硅谷根基的一流高科技公司正是从大学出去的企业家建立的。德国慕尼黑的高科技产业区——巴伐利亚地区是国际上区域创新的又一个成功典范。它目前是世界上除了硅谷之外集中了大型技术公司最多的地区，也是德国最大的人才库及继硅谷后世界第二大人才库。相应地，这里有世界上著名的慕尼黑工业大学，也有世界上著名的科研机构，马克思·普朗克协会和弗朗霍夫协会的总部都设在慕尼黑。

而企业与大学合作只是硅谷社会资本系统的一个子系统，大量社会服务型中介机构的存在，是硅谷社会资本的另一个重要组成部分。硅谷的"中介机构"，是为高技术创新企业提供特殊服务的专业化机构，高新技术企业需要的服务总能够通过中介服务机构获得。

高新技术企业获得优秀人才的服务由人力资源服务中介提供，如各种猎头公司用敏锐的眼光在全世界范围内为高新技术企业选拔各种各样的专门人才。硅谷的人力资本结构真正实现了海纳百川的高度国际化。硅谷包罗了世界各国各种族的高学历人才，目前，硅谷32%的人口是美国境外出生的，20岁至45岁的年轻人占一半以上，其种族构成中白人占49%、亚裔占23%、西班牙语系占24%。大学林立、院所云集为硅谷注入了顶级智能活力，这里聚集了1 000多位美国科学院院士、40多位诺贝尔奖获得者[1]。

高新技术企业获得创业资金的服务由金融中介机构提供。金融资本服务机构为创新企业提供丰富的风险资金和完善的金融服务。硅谷拥有全世界最发达的风险投资机构。尽管旧金山湾区的人口仅占美国人口的3%，但全美600多家风险资本企业中有近半数将总部设在这里，在任何时候，总有两三千位风险资本家在硅谷周围寻找下一个"机会"。风险投资公司、纳斯达克市场及完善的金融服务体系为创新企业提供了充裕的营养资源。另外，纳斯达克市场还为风险资本的退出提供了市场，形成了完善的融资及资本退出体系，加速了资本的流动和进一步的风险投资[2]。

高新技术企业获得财务和法律的服务由财务服务机构和法律服务机构提供。科技企业家人力资本的片面性需要管理服务型人力资本的专用性弥补，管理服务性机构的服务产品的提供，大大节省了创新企业的人力物力，提升了管理、决策质量，提高了创新的成功率。律师的密度大约是10个工程师对应1个律师。会计师为企业提供税务服务，每5个工程师对应1个会计师[1]。

---

① 王志章. 美国硅谷成长因素分析. http://www.360doc.com/content/11/0818/17/4735378_141477789.shtml,
2007-05-29.

② 许翰龙. 美国 NASDAQ(二板)市场简介. 中国孵化器, 2003, （3）：70.

　　硅谷的中介服务体系既是硅谷社会资本产生的根源,也是硅谷社会资本产生的表现。硅谷社会资本的网状结构促进了各创新要素的整合,是硅谷地区创新能力的根基。

　　所以原始颠覆型创新的自组织系统具有区域集聚化、网络化特点。从区域网络结构关系看,首先是创新活动的行为主体网络,主要为高等院校、科研机构、企业、各类中介组织和地方政府五大主体。由五大主体构成的组织,既有学术研究主体、市场行为主体,也有社会自治主体,当然也包括行政管理主体。这些行为主体之间需要有有利于原始颠覆型创新的行为互助关系:学术研究主体为市场行为主体提供成果;市场行为主体进行成果转化,市场主体之间还分为直接转化的与为转化服务的主体;社会自治主体则承担一定范围的公共服务,也负责引导和提升市场行为主体的格局;行政主体则为学术研究主体、市场行为主体和社会自治主体提供综合的服务与规范环境。区域创新体系的参与者借助科技网络、企业网络、产业网络、社会网络和市场网络形成了一个创新网络,在这个网络中企业运用所掌握的创新资源开发新的产品和技术,形成区域创新体系的产出;在行为主体网络关系背后,是第二层面的功能关系结构,即为行为主体提供行为基准的行为主体之间的关联与运行机制,包括制度创新、机制创新、管理创新的能力,其中包括各主体的内部运行机制,主要是激励机制;各主体之间构建联系紧密、运行高效的"管道"机制,关键是解决好信息、知识存量的高效流动、创新分工合作等,形成企业、科研机构与学校、政府以及中介机构之间的信息高效流动、资源合理分配、能够发挥各自优势的机制。创新环境包括权利、体制机制、物质和知识基础设施、社会文化心理和社会保障等方面。

　　从超常型知识的区域流动特点看,区域创新系统的创新生态链条主要由人才流动、知识生产、互动学习、相邻性和区域植入感五个方面构成[1]。人才流动导致区域创新型知识溢出,区域创新型知识溢出显然是区域创新能力形成的内在根源,区域创新型知识溢出的基本途径可以从中国中关村自主创新示范区与深圳高新技术产业的发展历程总结,主要途径是人才的流动:无形的创新知识根植于人脑。我们可以把人视为是知识的载体,技术发达地区显然有比较强的创新性人才培养机制,而技术落后地区可以通过吸引技术先进地区的技术人才来达到提升自身技术水平的目的,这种直接的引进比培养要减少很多成本,因为知识可以复制、传递、吸收与学习的,引进人才的力度就成为学习和吸收新知识的能力。

　　原始颠覆型创新区域一定有非常雄厚的多元知识生产主体,知识生产主体不仅指学校和科研单位,很显著的是,原始颠覆型创新能力强的区域,企业也成为

---

　　① 王缉慈,王可. 区域创新环境和企业根植性——兼论我国高新技术企业开发区的发展. 地理研究, 1999,(4):357-362.

知识生产的重要单位，原来只是谋取利益最大化的企业与企业家越来越多地成为原始颠覆型创新的超常型知识的生产源。牟利性企业越来越多地成为社会企业，而社会自治组织也进入知识生产的核心环节。

区域创新系统使参与创新的各个主体在运用超常型默示知识进行创新的过程中互动学习，这个过程同时也是原始颠覆型创新知识分享的过程，而知识分享又有助于增进互动学习的能力。因此，学习与创新密切相关。有利于区域创新的知识分享过程要求创新主体之间存在着高度的信任关系。这个问题主要是由区域相邻关系解决的。

相邻性即相邻关系，它通过三个方面对区域创新系统产生作用。其一，它与空间集聚产生的知识链以及知识链基础上的价值链相联系。高度的空间集聚有利于产生学术共同体之间、学术共同体与企业之间、企业与企业之间通过上下游产业链大量的输入和输出，这一过程伴随着大量的资源使用和系统内部的学习互动。其二，邻近关系有利于减少交易成本。地理邻近增加了主体间交流的速度，同时减少了交易的成本，使得知识和信息的交换与交流更为低廉。其三，邻近关系与社会和文化密切相连。区域内各行为主体分享一个共同的社会经济环境容易形成高信任度和文化认同。它是区域创新系统最主要的方面，也是区域创新系统区别于其他系统的本质特点。从某种意义上讲，这些内部关系描述了区域创新系统内部动态性的原则，而这种动态性说明了区域创新系统的效率和成功的源泉。因此，区域创新政策主要是要促进区域创新系统内部机制的形成和发展。政策不可能脱离区域内部的关系结构单独发生作用，只能是对区域内部已经客观存在的创新关系结构发挥作用。

区域植入感与互动、集体学习和知识交流密切相关，它是区域创新系统的社会和文化背景。作为区域创新系统的一种隐秘机制，区域植入感是创新主体通过发展一种共同的产业认同和社会观来加强区域发展。萨克森尼安认为，作为区域创新系统的典范和全球高科技产业的发源地，硅谷的精髓在于创新的文化环境，它使硅谷对创业者和创业企业有着强大的吸引力。区域的原始颠覆型创新系统表现为：①具有一定的地域空间和开放的边界；②以研究与开发机构、高等院校、生产企业、地方政府机构和服务机构为主要的创新主体；③不同创新主体之间的社会交流与互助作用，构成了创新系统的组织和空间结构，从而形成一个社会自治与共治系统；④构建适应原始颠覆型创新需求的制度因素，强调制度因素和治理安排对于知识的形成、利用和扩散的重要作用；⑤培育支撑原始颠覆型创新制度运行的文化底蕴，以促进、鼓励区域内的企业以原始颠覆型创新活动为目的，最大限度利用地域范围内的社会关系、规范、价值和交互作用等来形成特殊形式的社会资本，以追求区域原始颠覆型创新的最大经济效益和社会效益。

第三节　原始颠覆型创新组织的动态递进

从动态角度看，组织竞争与组织之间的替代是原始颠覆型创新过程中的正常现象，唯此，原始颠覆型创新才可持续，优胜劣汰机制才可有效运行。原始颠覆型创新市场与社会存在的公平竞争机制，使社会有原始颠覆型创新潜能的人力资本，他们虽然是无名之辈，但也能凭借自己的天赋本能、个性特长、爱好兴趣与激情梦想进入，义无反顾进行直觉突破式创新，具有可持续创新的内在压力和外在动力。不怕失败，不怕挫折，越挫越勇。通过此起彼伏的直觉突破式创新自发行为产生可持续的原始颠覆型创新波峰。自治型替代可以是市场竞争的评价，也可以是社会同行的专业评价，或者也可以是社会第三方的公共评价，但一定不是靠行政等级组织的行政评价。对胜者而言是自治型超越，对败者而言是自治型退出。原始颠覆型创新领军人物和原始颠覆型创新领军企业的替代超越不是依靠行政计划，而是依靠市场和社会公平竞争进行的。胜者的自治型超越根源于超常型默示知识的动态性和阶段性特征，当一段时间内的超常型默示知识经过发展，成为超常型明示知识甚至成为常规型明示知识后，其阶段性功能开始下降，更具潜在经济与社会价值的新一轮直觉突破式创新者赶超前辈创新者，从边缘升为主流引领创新潮流，此起彼伏的动态性超越恰恰是自治型评价的常态。在直觉突破式创新中，一旦超常型默示知识缺乏，只拥有常规型知识的人力资本就会在公平竞争中落伍，就有可能要退出原始颠覆型创新的前沿。退出不等于完全的失败，可能是进入下一次直觉突破式创新的准备和积累阶段，自治型创新治理承认并推动超常型默示知识之间在空间状态和时间序列上的动态竞争，鼓励幼苗时期的超常型默示知识成长，引领新的时代潮流。

顺应每一次技术革命浪潮在硅谷产生的新企业的创始人，都是看起来很稚嫩的年轻人，如果没有硅谷环境给予的扶持和呵护，他们不可能顺利成长[1]。硅谷的创业者多数很年轻，对他们来说，优厚的物质条件并不是生活的追求，他们追求的是富有挑战的工作乐趣和成功后的自我实现。他们没有条条框框的束缚，不断地闪烁出新想法，追求新产品、开发新工艺、占领新市场，有着开拓者无畏的勇气和坚忍的意志。硅谷有很多2~3人的小公司，他们多以开发软件为主，获得风险投资后上市，然后卖掉这个公司，再去创办另一家公司。例如，克拉克成功地创建了著名的网景公司，但是在公司步入正轨后，他将企业卖掉，而在此之前他已经创办了好几

① 王万里. 硅谷——创造奇迹的乐园. 地理数学，2012，（3）：65-66.

家公司，办好了就卖掉，他以创建公司为乐趣。创新成为硅谷的一种风气，感染着每一位硅谷人。而且，很多思维活跃的在校大学生也加入了这一潮流。图文、思科等著名的公司都是在校大学生创办的。1994 年华侨学生杨致远和他的同学编写了一个搜索程序，放在学校的网络上，大受欢迎，使得学校网络过于拥挤而招致校方的抱怨，于是他们索性退学出来自己注册了一家公司，这就是雅虎。硅谷过去造就了英特尔、苹果、甲骨文、思科、易趣、雅虎、谷歌、Facebook。目前硅谷又在孕育着新的创新，向互联网内容创造者，向环保和清洁技术、新能源技术、生命信息科学技术创新基地转化，其在生物及生命科学、医学、再生/清洁能源等领域的研究已经在全美领先[1]。例如，2007 年"生命科学"的创业公司达 862 家（其中旧金山湾区占 202 家），占全美创业投资的 31%。硅谷已成为世界"生命科学"研发和产业化的中心。在生物技术领域，如成功克隆人体胚胎、抑制肿瘤干细胞研究等都取得了新成就。在再生能源领域，如风能、太阳能、地热、生物能等新兴能源领域捷足先登。在硅谷，无论是老牌的高科技公司还是风险投资创新公司，近年来都不断地加入太阳能工业。风险投资已开始将上亿美元资金投入硅谷太阳能研发和生产中，人们称硅谷将成为"太阳谷"及"绿色之谷"[2]。2016 年硅谷经济增速有所放缓，但是仍维持强劲的发展势头，远未达到瓶颈期。硅谷已经连续七年实现就业的增长，失业率不断降低。2016 年，硅谷新增加了 45 621 个就业岗位，同比增长 3%。新的就业岗位很大一部分都是集中在科技方面，比上一年增加了 5.2%。其中发展最快的是生物科技、互联网及计算机设计行业。除了科技行业之外，该地区的建筑行业（新增 6 864 个就业岗位）及医疗保健行业（新增 6 829 个就业岗位）也实现了跨越式增长。就业岗位不断增加的同时也伴随着失业率的降低，截至 2016 年 5 月，硅谷失业率仅为 3.1%。

　　硅谷的创新引擎在不断增强。尽管风险投资总额自 2015 年起有所减少，但是在 2016 年这个数额仍保持在相对较高的水平，共计 93 亿美元投向了硅谷地区的公司（投向旧金山地区的公司的资金为 138 亿美元）。投资领域主要为互联网、移动产品及服务行业。2015 年全年，硅谷地区的发明人共注册了 19 000 项专利，该地区的专利数量在加利福尼亚州及全美均占据了很大的份额（占比分别为 47%及 13%）。科技行业的就业岗位吸引了来自全球的人才。该地区的外国出生居民比例（占比 38%）比加利福尼亚州及全国的同比要高，尤其是在核心工作年龄的科技工作者群体中，该占比更高。在 25~44 岁的科技工作者中，外国出生人数占到 67%。在硅谷地区就业的上述年龄段的女性人群中，这一数

　　① 凯瑞 M. 硅谷的历史与活力. http://www.mofcom.gov.cn/aarticle/i/dxfw/nbgz/200806/20080605628935. html，2008-06-27
　　② 硅谷社区基金. 硅谷网络联合投资. https://www.sohu.com/a/156303230_176572，2017-07-11.

值更高（占比76%）。

我们可以认定：新的硅谷公司仍然是年轻人的原始颠覆型创新，因为他们身上具有进一步延续硅谷辉煌，开拓新兴产业的超常型默示知识。硅谷面临的挑战，实际上就是新的一代年轻人具有的超常型默示知识通过激烈竞争实现历史性超越的机遇。硅谷这个创新型地区处于熊彼特的"创造性的毁灭"的一个永无止境的演进之中，如图4-1。

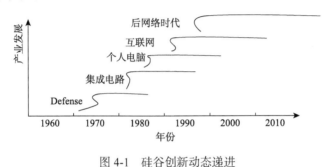

图4-1 硅谷创新动态递进

第四节 创新型自治组织生成社会资本

从原始颠覆型创新的经济绩效看，社会自治组织网络使社会以单个主体存在的人力资本生长为以多元群体存在的社会资本，作为社会经济增长的分散资源产生集聚效应，是原始颠覆型创新之所以成功的奥秘，也揭示了原始颠覆型创新与经济增长之间的内在重要组织环节，从而解释了原始颠覆型创新促进经济增长的组织之源。同时原始颠覆型创新也会使国家或地区产生独特的社会资本，从而成为经济超常型增长的可持续源泉。

人力资本理论是美国著名经济学家舒尔茨教授在20世纪60年代创立的。人力资本理论在人类社会历史上，第一次扩展了社会财富创造中的资本概念，将原来相对狭窄的货币资本、物质资本概念扩展到人在财富创造中的增值作用。人力资本，揭示了从工业经济社会向知识经济社会转化的过程中，人的知识和创新能力在财富创造中的决定作用。舒尔茨教授在明确定义人力资本基本概念内涵为人的知识和能力的基础上，从宏观和微观两个层面对人力资本外延进行了分析。从宏观角度，舒尔茨教授将第二次世界大战以后地区与地区之间、国家与国家之间经济发展的结果做了比较，得出结论：决定一个地区或一个国家发展的关键因素不再是货币投资多少，物质基础厚薄，而是人的质量高低即人力资本的多寡——知识和创新能力成为决定国与国之间竞争输赢的关键。从微观角度，舒尔茨教授对每一个体人力资本的形成做了系统探讨，他将健康保健设施和各种服务的开支、正规学校教育和在职培训支出、成人教育训练、劳动力国内流动和移民入境的支出等看成是对人力资本的支出，而教育支出是最主要的人力资本支出，由此得出结论，教育支出的水平作为主要因素决定人力资本质量的高低。随后贝克尔、卢卡斯、罗默等都在教育包括正规教育与非正规教育对人力资本的形成作用方面进行了深入探讨。[①]

人力资本理论引入中国时正值中国改革开放开始之际，人力资本理论对于中国人认识世界从工业经济社会向知识经济社会过渡的时代特征，对于中国由计划经济体制向市场经济体制转轨，对于中国由粗放型经济增长模式向集约型经济增长模式的转变，起了重要的启蒙作用。

人力资本成为财富创造的主导要素的理论，极大地促进了人们对中国经济与社会发展中知识和创新能力重要性的认识，重视知识、重视人的创新能力终于成为中国人的共识，知识和知识分子的尊严及社会地位，真正得到了确认；人力资本形成的要素理论，使人们认识到教育是人力资本形成的关键因素，科学技术是第一生产力，科教兴国成为国家发展战略；人力资本的激励理论，使人们开始思考中国企业产权制度的弊端，涉及了人力资本所有者拥有企业所有权的制度模式，对中国经济体制改革的深化起了重大的推动作用；人力资本的迁移理论，对中国人事管理中的流动机制改革具有重要借鉴作用。人力资本理论对中国经济社会发展的理论贡献是不可否认的。

从西方人力资本研究的现有成果看，我们不得不说，还是存在一个重大的理论缺陷，就是缺少对个体人力资本之间关系的结构性研究，即缺少对群体人力资本的研究。我们置身的世界毕竟不是单个人的世界，而是一个有着各种错综复杂关系的世界，在这个世界中，社会关系是我们生存的基本需要，因而是人的研究必不可少的内容。人力资本理论虽然史无前例地将人作为财富创造的源泉，但是这里所研究的人还只是比较笼统的人，没有经过社会关系分解的人。

我们透过人力资本理论，看不到人与人合作形成的组织关系，社会各种群体之间的交往，更看不到这种群体关系对社会财富增长的独特作用。舒尔茨教授曾经将人力资本在不同地区与不同国家之间的迁移作为人力资本的形成因素之一，但是人力资本迁移的方式、迁移的数量与质量关系都没有从结构的角度进行分析，更没有研究迁移后所形成的群体人力资本特征。他在谈到国家与国家之间发展的差异是人力资本质量的差异时，也只是从总体上举了德意志联邦共和国和日本第二次世界大战后迅速发展的例子，没有对这两个国家内部的人力资本群体构成做具体的剖析。所以说，对于个体人力资本之间的关系、个体人力资本联合基

---

① 方竹兰. 从人力资本到社会资本. 学术月刊, 2003, （2）: 80-86.

础上形成的群体人力资本系统，人力资本理论没有现成的理论说明。其他研究人力资本的专家也没有从群体人力资本的角度深化舒尔茨教授的研究。①

人力资本理论之所以出现这样的缺陷，与西方人力资本理论的研究方法有关。迄今为止的人力资本研究，毕竟还只是从社会经济发展的资源要素角度进行。之所以从这个角度重视人，是因为人所具有的知识和能力成为财富创造的主导要素。人被作为资源要素看待，具有工具理性的特点，从某种程度上看，是对人与其他非人资源区别的忽视。人不仅是诸多经济发展的资源要素之一，而且还是运用资源要素的主体，人在运用资源要素的过程中，不是作为单个人出现的，而是作为社会群体出现的。作为社会群体的个人之间能形成各种复杂的社会关系，研究人必须研究这种社会关系，否则就无法体现人的根本特点，也就不能真正透彻地研究人。当西方人力资本专家将更多的注意力放在人作为资源要素作用的时候，在一定程度上忽视了人运用其他非人的物质资源时的独特的主体地位，从而忽视了人在运用其他非人的物质资源时的存在状态——社会关系。而一旦将人与人之间的社会关系作为外生变量时，人的群体性就不能进入研究者的视野，当需要从生产力要素角度研究人向社会制度角度研究人扩展的时候，人力资本理论就显出理论概括力的不足。

实践的发展需要新的理论概括，社会资本理论应运而生。20 世纪 80 年代至 90 年代，美国学者科尔曼、普特南等先后提出了社会资本理论，并将社会资本理论作为人力资本基础上的理论发展并加以阐述，显现出国际学术界对于一国经济与社会发展中的人际关系的重视，深化了舒尔茨教授在 20 世纪 60 年代开始的对人与经济发展关系的研究。按照美国著名政治学家普特南教授的定义：社会资本是指社会组织的那些可通过促进协调行动而提高社会效能的特征，如信任、规范及网络。而科尔曼教授则从社会资本的功能角度指出，许多具有两个共同之处的主体它们都由社会结构的某些方面组成，而且它们都有利于行为者的特定行动。就像其他形式的资本一样，社会资本是生产性的，这使得没有社会资本就不可能达到的特定目标成为可能。②综合国际学术界关于社会资本的研究成果，可以得出这样一个判断，社会资本是指在一个国家或地区内，通过民众自由地将个体人力资本进行横向的社会结合，而生成的能够促进一个国家经济和社会持续发展的社会关系结构和社会心理结构，大致可包括合作性企业和自愿性社团组织、畅通和谐的横向交往网络、民主自治的社会契约、互相信任的心理认同、互学共进的合作创新心态。

① 舒尔茨 T W. 人力资本投资：教育和研究的作用. 北京：商务印书馆，1990.
② Putnam R D, Leonardi D R. Making Democracy Work：Civic traditions in Modern Italy. New Jersey：Princeton University Press，1993.

　　社会资本理论的研究方法弥补了人力资本理论研究方法的不足。首先，对于人的社会地位做了提升。社会资本理论是将人的地位从单纯的经济资源要素提高到资源运用的主体，从只有人才具有的社会地位的角度研究人。因此社会资本理论对人的审视的层次要比人力资本理论更高、更接近人本身具有的主体生存状态，体现了对于人的特性的更全面的把握。其次，是从以微观层面为主的分析扩展为宏观层面的分析。人力资本理论虽然也从国与国之间竞争的角度涉及宏观视野，但是并没有展开。总体上看，还是微观个体分析法，从个体人力资本的投入成本与产出效益分析人力资本。而研究社会资本的专家则直接采用宏观分析法。所谓宏观分析法，是从群体人力资本的角度，研究什么样的社会组织结构、社会关系结构、社会心理结构能够提高社会劳动生产率，促进社会经济增长。社会资本理论抓住了一个国家维系群体人力资本创造性、生产性最本质的问题——国家机构与社会自组织之间的关系作为研究主线，具体分析了社会自组织系统的构成、具有资本增值性特点的社会关系和社会心理。宏观分析法将社会关系的各种要素置于互相联系的关系结构中考察，研究的重点不在于关系中的各种要素，而在于要素之间联系的模式方法，与现实生活的体验非常贴近。一国的经济增长固然与该国的每一人力资本个体的素质有关，但是更与人与人之间的社会关系结构有关。比如，是否允许社会民众在国家正式机构之外建立非行政性的、非正式的、非营利的社会团体；是否允许社会民众在自组织过程中制定规则，建立自发秩序；是否有完善的社会信用体系，民众是否习惯于谈判合作，是一国经济社会能否持续性发展的重要因素。社会公共利益的实现和公共产品的生产不是光靠国家机构，也靠社会大量存在的正式或非正式机构。因此经济发展本身就要求最大限度地让民众参与，尊重并鼓励人们之间的横向联系和横向联合，在人们的横向联系和横向联合中发展社会信任、社会互惠、社会团结、社会合作、社会创新。从这个角度看，民主制度、文化制度也构成一国的生产力。比如，排斥掉民主因素，显然无法探究中国某些地区和企业经济较快增长的制度作用。再次，社会资本理论直接将无形资本因素引入分析中。人力资本的载体是人，重视人的作用，就不能忽视个人的内心世界以及个人心灵之间接触的社会精神世界，将社会财富的增长看成是社会的组织关系构成的群体作用的结构，也看成是社会交往网络基础上形成的社会心理关系作用的结果。社会心理关系在某些时候可能比社会组织关系更能对一国发展起作用，中国改革之初的解放思想对整个社会的推动很能说明这一点，实际上，在中国的整个转轨时期内，都存在观念创新带动社会发展的现象。

　　当然，人力资本理论与社会资本理论并不是截然不同的两种理论。人力资本理论的研究，为社会资本理论的研究提供了坚实的基础。人力资本理论在经济与社会发展史上第一次将资本概念从钱物扩展到人本身，为人们研究人在社会财富创造中的作用奠定了基点并开辟了宽广的领域。人力资本理论的这种思维视角进一步启发了人们提出社会资本理论。如果没有人力资本理论的前期发展，社会资本理论的提出不会如此顺理成章。另外，由于社会资本理论的提出，才深化了人力资本理论的研究。将人力资本理论从单纯的个体研究扩展到群体的、社会关系层面的领域。当社会资本理论从社会关系层面研究人时，人力资本理论就被内化进了社会资本理论的体系中，人力资本理论在社会资本理论提出后会更有研究的前途，社会资本理论为人力资本理论的发展打开了另一扇窗户。因此，我们在深化社会资本理论的研究时，也在深化人力资本的理论研究。

社会资本理论与人力资本理论相比，对于传统计划经济体制向现代市场经济体制转轨的过程，具有更重要的借鉴意义。借鉴意义之一，对于社会民众个人权利的尊重。社会资本理论是以尊重个体的社会独立地位为起点，将个人权利实现基础上的社会相互关系作为研究的重点。这种思维理念对于中国体制转轨时期的思想解放具有重要价值。我们所讲的个人，不是自然人，不是生理人，而是生产人、创造人，他们具有独立自主的创业知识和能力，他们应该具有独立自主的创业权利和责任。他们是社会财富的创造者，也是社会制度的创造者。我们应该尊重每一个社会劳动者个体，以民为本。

根据现阶段中国体制改革的特点，社会资本理论的借鉴意义之二，构建社会的自组织系统是社会制度生成并有效的必要条件。社会资本是有一定的社会网络作为载体的，在无政府状态下一盘散沙一样的社会结构中，个人的力量往往被散沙形态的社会结构所消耗。在集权体制下，个人则被禁锢在等级制度的框架中，有着较多的上下级纵向关系，缺少互相合作的横向关系。在这两种极端的情况中都谈不上有社会资本的存在。社会资本必须在民众的横向交往的关系中产生，社会民众作为社会中一分子，本身就处在社会的各种关系中，允许民众利用自己的各种社会关系在守法的前提下创业，在创业的横向交往过程中，就必然产生民众的社会自组织，民众自组织是社会资本的物质载体。

建立民众自组织网络的效用，不仅在于建立民众自组织，还在于对于自组织之外的关系网络建设。社会关系结构始终处在民众横向联系、动态发展的过程中，促使民众自觉地在竞争中寻找最佳的人力资本组合。平行联系或横向联系的广度和深度可以反映一国民众作为经济主体权利的拥有度，决定民众人力资本知识能力的发挥程度，决定民众个体人力资本能否形成社会群体人力资本即社会资本的关键。社会资本的其他资本内容大多是从平行性的民众自组织中生长出来的。

社会资本理论的借鉴意义之三，民众是社会规范的制定主体。在自组织过程中，会逐步形成民众自治规则系统——社会规范。规范包括各种层次，如法律规范、道德规范以及行为习惯等。规范由民众在自组织过程中为了个人利益的有效实现要求制定的。这种社会规范不同于由国家机构自上而下指令性发布的法律规则。它是民众在多次重复自由组合过程中逐步发现为保障个人利益最优而存在着的最优纳什均衡。这种最优纳什均衡可以在信息逐步完善的长期博弈中产生，使个人理性最大化与社会理性最大化相一致的求解。允许民众自组织系统的形成，不仅为民众个体之间的平行联系架起桥梁，而组织内外平行联系的多次重复性，则为民众之间从非合作博弈到合作博弈提供了前提。社会规范就会在社会自组织的运作中形成。

社会正式制度质量与社会正式制度的形成来源有关。社会正式制度的形成有两种渠道，即由国家机构自上而下利用强制制定和由社会民众在社会活动中自下而上自发谈判制定。在社会资本缺乏的国家，正式制度的建立主要依靠国家机构自上而下建立。这种建立方式的弱点是相伴正式制度形成的非正式制度往往是缺乏信任感且极具内耗，并具有历史惰性，使经济与社会的发展相对较慢甚至处于停滞倒退。在社会资本丰富的国家，正式制度大多是民众在自组织过程中自发建立的。与这种建立方式相伴随的则是互相信任团结合作的非正式制度，这种非正式制度具有历史创新性、生产性。中国从传统计划体制向现代市场体制转化，从某种意义上说，是从国家自上而下建立正式制度的方式转变为由民众自下而上制定制度规则的方式。

社会资本理论的借鉴意义之四，培育民众之间的互相信任关系是民众社会资本培育的基础心理层面。社会规范的建立和执行，为社会信任关系的形成奠定了制度基础。比如，全国企业和个人信用体系的建立对违反金融信用的现象是有效的约束。长此以往，为了企业和个人的生产生活便利，讲信用就会成为普遍的社会风气，当大多数人都自觉地讲信用时，人们之间互相信任的心理认同就构建起来。互惠互信的心理认同关系也可以看成是人们社会交往关系中自觉自愿签订的隐性契约，伴随显性契约的逐步发展完善而产生，是民众在长期重复性横向交往中，克服信息的非对称性，由于相互信息的自愿性提供产生的信任关系，这种关系是社会资本的重要组成部分。信任关系的建立可以节省大量的信息收集时间，可以降低合作成本，提高合作效率。

社会资本理论的借鉴意义之五，互学共进、合作创新心理系统是一种由于横向交流产生的自我超越倾向，是知识经济时代一国与他国竞争中具有核心竞争力的精神资源。中国从传统粗放型经济发展模式向现代集约型经济发展模式转型，从传统工业经济上升为现代知识经济，跟进当前世界的第六次科技革命和第三次产业革命新潮，当务之急是如何开辟人们以兴趣爱好为起点的直觉突破式创新体制空间。很显然，从尊重和保护人们的兴趣爱好出发开掘原始颠覆型创新的潜能，也是深化中国下一步体制改革的根本动力，本身蕴藏着丰厚的制度红利，中国的科技创新本身就是制度创新的根本动力。因此，形成中国的原始颠覆型创新能力的紧迫性，需要中国的创新管理模式从行政指令型向自治合作型转型。

即便在等级结构中，也需要开辟自治空间，如科研共同体、教授治校等；需要创新鼓励社会自治组织成长的法律法规，允许年轻人在自组织的基础上应用自己的知识进行创新，不受传统层级组织结构的束缚，实行弹性组织结构；由于超常型默示知识具有专用性、依存性特点，创新的组织结构必须为超常型默示知识拥有者的人力资本结合提供载体。能够从事直觉突破式创新阶段的人力资本群体尤其需要人事制度的珍惜与包容。直觉突破式创新的人力资本特点是想象能力、预见能力、开拓能力、"无中生有"的能力相比较其他创新的人力资本更强，能够引领其他类型人力资本的后续创新。从发起原始颠覆性创新到最后产生原始颠覆性创新的成果的整个原始颠覆性创新过程中，这部分人的思想理念、行为习惯、运作模式天然构成原始颠覆性创新的主导线。如果没有原始颠覆性创新人力资本的主导，创新只能停留在引进模仿层面，很难提升，原始颠覆性创新人力资本对其他类型的人力资本起主导作用。非正式组织与正式组织之间的结构关系必须要符合原始颠覆型创新的流程需要。非正式组织在原始颠覆型创新的起点发力，而原始颠覆型创新的非正式组织建立之后，从科研到科技成果转化，是指为实现科技成果的技术与经济价值，提高生产力水平而对科技成果所进行的后续试验、开发、应用、推广直至形成新技术、新工艺、新材料、新产品，发展新产业等活动。科技成果转化活动应当尊重市场规律，发挥企业的主体作用，遵循自愿、互利、公平、诚实信用的原则，依照法律法规规定和合同约定，享有权益，承担风险。

第五章　原始颠覆型创新与人事制度改革

第一节　原始颠覆型创新各阶段的人力资本分布

原始颠覆型创新人力资本所有者是拥有超常型知识的人，原始颠覆型创新的流程只有在超常型知识拥有者的创新实践中才能开始，在原始颠覆型创新的过程中，对超常型知识的人力资本所有者的管理不同于对常规型知识的人力资本所有者的管理，创新型人事管理制度围绕超常型人力资本所有者展开是纲举目张。

原始颠覆型创新分为四个阶段，四个阶段需要的人力资本的类型不同，不同类别的人力资本适应原始颠覆型创新的不同阶段。人力资本的超常强度不同，不同强度的超常型人力资本组合会构成创新型人力资本所有者结构系统，人事制度的重要职能是提供适合的制度生态，让具有不同强度超常型知识的人力资本在公平竞争中各尽其能、各得其所、各获其利，生成原始颠覆型创新的不同阶段。

用 1 到 5 五个数字（1 代表最小，5 代表最大）对人力资本适合原始颠覆型创新不同阶段的强度特性进行区分，不同回答代表适宜不同原始颠覆型创新阶段的人力资本[①]。

（1）你是否愿意以游戏态度规划人生，即实现自己的兴趣爱好为主旨而不以急功近利的具体结果为唯一目标？

（2）在决策过程中，你是否习惯停留在自己的情感中，而不考虑这种情感是否愉快，也不受别人情绪对自己的影响？

（3）你在决策过程中是否能够承受混乱混沌的环境，接受外部挑战？

适宜西南象限的人力资本所有者（图 5-1），（1）、（2）、（3）题得分最高。

---

① 科尔 F. 商业的直觉. 刘寅龙等译. 北京：机械工业出版社，2012.

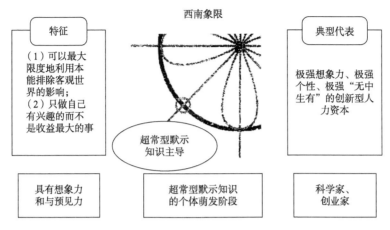

图 5-1 擅长直觉突破式创新的人力资本

（4）你是否愿意在决策过程中以开放性思维去规划创意方案？

（5）你在制定决策时是否已经准备好随时质疑自己的观点和信仰？

（6）在决策过程中，你是否愿意公开探讨新的概念和观念，搭建整合各种资源的平台？

适宜西北象限的人力资本所有者（图 5-2），（4）、（5）、（6）题得分最高。

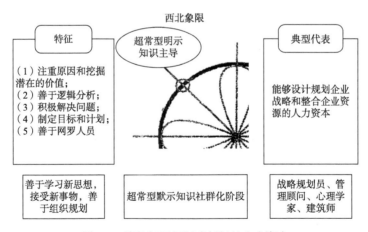

图 5-2 擅长解释规划式创新的人力资本

（7）你是否愿意以系统化方式围绕自己的决策去收集资料和数据？

（8）你为了做出决策而对时间进行最优化使用时所具有的组织性如何？

（9）你是否愿意通过自身环境与资源的组织来实现决策的最优化？

适宜东北象限的人力资本所有者（图 5-3），（7）、（8）、（9）题得分最高。

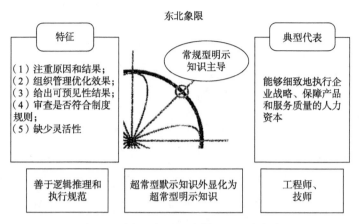

图 5-3　擅长逻辑推理式创新的人力资本

（10）你是否愿意在做出决策之前对这个决策的潜在后果进行评价及预测？

（11）在决策过程极具挑战性而且规避决策很容易的情况下，你在主动做出决策时的坚定性如何？

（12）你为了在可能情况下做出最优决策而做出的投入程度和坚定性如何？

适宜东南象限的人力资本所有者（图 5-4），（10）、（11）、（12）题得分最高。

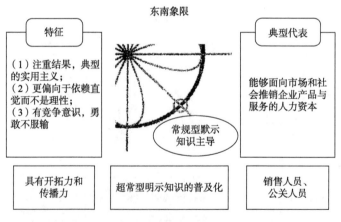

图 5-4　擅长推广扩散式创新的人力资本

超常型人力资本的管理是创新型人事管理制度的核心问题，与传统的以常规型人力资本的管理截然不同。原始颠覆型创新依赖于超常型人才，原始颠覆型创新管理的关键，是如何有效处理超常型知识拥有者之间的关系以及超常型知识拥有者与常规型知识拥有者之间的关系。考虑到中国的科研管理从引进模仿型创新起步，创新管理者比较习惯于常规知识的指令性管理，因而有必要探索超常型知识管理的特点。

原始颠覆型创新人才有自我探索、自我开发的时段，创新型人事管理制度需要包容性管理。

超常型默示知识是蕴藏在拥有者身上的特殊知识，不仅有个体性、独特性特点，还具有潜在性、隐蔽性特点，即拥有者自己都很难一开始就清楚自己的知识特点，更无法指望别人来迅速发现。考虑到对超常型默示知识的分析评价异常困难，人事管理制度只能赋予超常型默示知识拥有者自我探索权，斯坦福大学的前校长唐纳德·肯尼迪坦率承认：我们在选择是为这个或那个还是其他科学投入的时候，往往非常困难，很难做出取舍，这是一个非常重要的事情，因为你不可能真正知道下一个成功将是什么。我们也不可能知道我们正在从事的哪件事情将为人类带来巨大的福祉，只能在探索的过程中逐步趋近。能够从事直觉突破式创新的人力资本只能通过对自己天赋本能、个性特长、兴趣爱好、激情梦想、创意灵感的自我探索、自我开发逐步显现。超常型默示知识还具有模糊性与试错性。知识的模糊性，在于自我意识发现的知识只是直觉层面上的模糊感觉，所以这种知识的拥有者很难清晰地向外人表达，开发探索性的行为表达往往是超越一般人的认识程度，往往被认为不合规则而被排斥，超常型默示知识拥有者自己先孤独地实践，产生出一定有形的效果，才能使社会大众认可和接受，由于个体的超常型默示知识以兴趣爱好为表现方式，行为方式是自我探索、自我开发，外人无法辨别谁是超常型默示知识拥有者，谁是常规型默示知识拥有者，他们必须通过个体的探索与开发冒出来，即"脱颖而出"。原始颠覆型创新人才的自我发现是在大众的自我发现过程中逐步显现的[①]。如何把这些具有企业家和创新才能的人才"识别"出来？现有经济学文献对"信息不对称"的分析，讲的是外界信息不对称，实际上超常型默示知识拥有者自己的自我信息也是不对称的，当然别人对他的信息了解得更有限。原始颠覆型创新的人事管理制度面临的问题首先是"自我信息不完备"。具体而言，任何人对于自身是否具备以及具备多高程度的超常型默示知识，是否具有原始颠覆型创新才能，一开始并不确知。而常规型人力资本所有者也只有通过自我探索、自我开发，才能逐步认识到自己的人力资本类别，虽然明确自身没有原始颠覆型创新才能，但对于自己到底在现有专业化的分工体系中适合什么岗位，从一开始并不确知。解决"自我信息不完备"问题的唯一机制是，每个人在对自身潜能先验判断的基础上，利用实践和试错过程中不断积累的信息，形成对自身能力的更准确的后验判断，从而逐步形成"自我信息完备"的结果，进而发现自我的原始颠覆型创新潜能，或者发现自己在现有分工体系中最适合的岗位。这

---

① 刘培林. 发展的机制——企业家和创新者的自我发现. 中国人民大学创新经济论坛演讲稿，2015.

个过程可以被称为"在试错中发现自我潜能"①。首先要说明的前提是，人与人之间的先天能力是不同的。人们不会否认爱迪生、爱因斯坦、牛顿、盖茨、乔布斯等的才能高于普通大众。人群当中有一定比例的人具有原始颠覆型创新潜能。这些人在实践和试错过程中，凭借天时、地利、人和等各种有利的条件组合，最终脱颖而出，生产出新的知识和技术，促进生产力的发展与人类文明进步。信息不对称使自我开发、自我发现具有必要性，是每一个普通人都可以启动的自组织过程。任何人对于自身是否具备以及具备多高程度的创新才能，一开始并不确知。自身没有创新才能的人，对于自己到底有什么类型的常规知识，在现有分工体系中适合什么岗位，一开始同样也并不确知。被人认为的我、自以为是的我、现在真正的我、未来真正的我是很不同的我，只有在我的不断自我探索中发现我。刘易斯曾经指出过这一点。他说："必须有少数人愿意充当先驱者；一旦他们开拓的事业得到成功，其他的人通常将步他们的后尘而不会对事情本身加以深思，除非他们这样做会受到等级、种族或宗教的阻碍。在这个意义上，增长取决于机敏的领导。当然，这类机敏的少数人越多，他们被允许的活动范围越广，这个社会经济上的增长将会越迅速。正是这种人数比例和活动范围的差异造成了各个社会之间的基本差异。"②

超常型默示知识拥有者的超常性和超前性，在数量上极其稀缺、珍贵，但在质量上具有脆弱性、易逝性的特点。现实中这种知识虽然极其珍贵稀缺，但是常因为不被人理解而被压抑和拒绝，甚至遭受打击。超常型默示知识被社会大众认可的曲折性和被接受的迟滞性，需要前期自我发现的过程自我发动并自主坚持，这注定是孤独和寂寞的。充满了市场竞争和个人的风险自担，也意味着个人在未知世界的探索试错充满风险和不确定性③，如果得不到社会的包容、支持，这种探索试错很快就会消失或退化，所以赋予保护超常型知识拥有者自身自我发现的权利是原始颠覆型创新启动的关键。一个国家激励原始颠覆型创新的最好制度，就是给予超常型知识拥有者在整个自我发现和自我实现的过程中不被外界无谓地打扰、干预和管制的权利。由此需要明确原始颠覆型创新人才超常型知识的顺利应用产生超常型知识的效率。而自我发现机制的根本是赋予原始颠覆型创新人才的基本权利系统。

超常型默示知识不是针对过去的知识，也不是针对现实的知识，而是针对未

---

① 豪斯曼（Hausmann）等在 2003 年曾经提出，发展是一种自我发现。但他们分析的是开放条件下小国促进发展的政策措施。

② Lewis W A. Economic development with unlimited supply o f labor. The Manchester School of Economics and Social Studies, 1954, 22（2）：139-191.

③ 奈特（Knight）在 2006 年把已知概率分布但结果不确定的情形称为风险，把未知概率分布的情形称为不确定性。

来的知识，因为是未来的知识，所以不仅总是模糊的而且总是试错性的，试错就伴随着失败，有了兴趣爱好的年轻人需要凭借兴趣、爱好、激情摸着石头过河，动态地自我发现拥有的超常型默示知识的类型，经过坚持不懈的失败反思，使自己的创意灵感反复提炼、逐步清晰，并自我应用、自我试错、自我完善。必须给予超常型默示知识拥有者一个尝试期、扶持期，即失败权。爱好、灵感、兴趣、特长都可以实验，鼓励创新，即使失败也可以重新选择。允许尝试，宽容失败使创新者在多次选择和重新选择的过程中完成对自身超常型默示知识的自我评价，如果超常型默示知识拥有者缺乏充分使用自己知识的权利，不能够被社会环境及时发掘和及时激励，甚至进行制度性抑制或消磨，超常型默示知识就会消失，原始颠覆型创新的潜在资源就无法转化为现实资源。原始颠覆型创新的管理制度需要认可超常型知识拥有者的个体性、潜在性特征，让自我开发成为管理的起点，其易逝性、脆弱性特点需要人事制度提供的自我发现制度环境必须及时保护超常型默示知识拥有者充分的自我发现和应用的自主权。这需要赋予超常型默示知识拥有者更充分、更完善、更精准的权利结构。管理者有严密的法治系统与执行机制，首先是确立超常型知识拥有者的权利尊严，保障超常型知识的自我治理，为超常型知识拥有者的自我开发提供有效的外部环境。关于超常型默示知识拥有者的自我开发、自我探索权利是否到位，决定国家或地区原始颠覆型创新能力的强弱。从这个角度看，超常型知识拥有者的自我发现不是个体效应，而是制度生态产生的社会效应。

目前习以为常的人事制度，是依靠行政力量辨识和选拔人才的。行政管理机关把各种人才行政配置在合适的创新阶段与不同的专业岗位，让他们的作用充分发挥。但是超常型人才的人事管理制度却完全不同。超常型人才不可能被选拔出来，而是自己"冒"出来的，鉴于"冒"的过程中很容易被管理者以管理的名义压制，所以要明确原始颠覆型创新人才管理的第一步法治基础上的自主式管理，承认超常型人才的自我治理，这基于超常型人才具有的超常型知识的特点。硅谷对于失败的容忍度，明显地区别于东部地区。之所以对失败采取非常宽容的态度，是基于对导致成功的超常型默示知识的评价难度的清醒意识。自我开发需要宽容和扶持失败者，以便找到或显现出真正的创新者，在失败中探索是自治型开发的必经阶段。

正因为如此，我们判断人事制度是否有效的标准之一——是否允许个人爱好、灵感、兴趣、特长可以实验，即使失败也可以重新选择，对失败采取非常宽容的态度。对整个社会来说，没有一个机构可以先验地估计出社会中潜藏的原始颠覆型创新人才，人力资本的质量类别是一个灰箱，创新型人力资本是在摸索中实现自我识别，从而进入适合自己的创新平台的[①]。为文化植入包容的基因，形成鼓励创新、包容失败的社会氛围，避免把企业家和创新者湮灭在摇篮里。

不同的社会对失败的包容程度、对冒险和尝试新事物行为的宽容程度各异。潜在的企业家和创新者能否成长起来，首先取决于他们的先天才能是否在后天成长过程中不被湮灭。显然，鼓励冒险、宽容失败的文化理念，更有利于企业家和创新者的成长。刘易斯指出："在每一个社会里都有一些人天生酷爱试验新技术、新产品或新的经济形式，而蔑视公认的见解或既得利益。有的社会赞赏和鼓励这类任务，而有的社会则认为他们是应予以压制的海盗型的冒险家。但是，经济增长在很大程度上取决于社会风气培植这类人物的程度和给予他们的活动范围。"[②]当一个人认为他自身具有创新者的潜能，就会在试错中不断寻找自己的成就平台。当他认为进行新的冒险和试错的成就，大于在原平台的成就时，就会选择放弃原有平台而选择新的平台。不同类别人力资本在不同天赋特长、个性本能的基础上，有不同兴趣爱好、激情梦想、创意灵感的可能度。原始颠覆型创新的人事制度首先要保障各种人力资本所有者的自我开发，自我开发是超常型知识拥有者的自发行为，原始颠覆型创新依赖于超常型默示知识的应用和超常型明示知识的提炼，越是在原始颠覆型创新阶段，越是依赖超常型知识。实践和试错也是孕育原始颠覆型创新者的更重要的机制。这是因为教育体系所能够给予学生的知识和技能，绝大部分都已经是旧的。因此较之增加教育投入而言，激发人们自我积累人力资本的积极性更加重要。归结起来，在实践和试错中发现自我潜能，是原始颠覆型创新者脱颖而出的主要机制；是普通劳动者在现有分工体系内发现最适合的岗位的主要机制；也为每个人提供了积累人力资本、提升自身能力的有效激励。既然是自我发现、自我开发，有一个前期的非常态状态、破常规状态，对于这种原始颠覆型创新的势能，人事制度管理的原则是为自我开发创造条件，即为自我开发提供生态环境。

一是娱乐氛围的塑造，娱乐是原始颠覆型创新主体实现自己的天赋本能、个性特长、兴趣爱好、激情梦想的基本方式，是直觉突破式创新基本工作状态。

二是给予员工去思考、交流、学习的时间，有时间展示自己的才华。

三是给予空间，开阔的办公室使人们愉悦，拥挤的办公室使人沮丧。宽敞的空间使创新者在工作中充满活力。空间还影响人们的行为和沟通。

四是鼓励奇思妙想，重要的是向新的不同的想法敞开大门，刺激员工的想象力。

---

① 当然，如果一个人每天尝试一个新事情，始终变动不居，那么，不仅损失了边干边学带来的生产率递增效应，很可能也不利于其才能的自我发现。

② 刘易斯. 发展计划. 北京：北京经济学院出版社，1988.

　　五是放弃完美，容忍员工因创新中的冒险所犯下的错误，为员工创新中面临的风险提供保障。这种激励才能够刺激创新。追求完美，不允许犯错，会阻碍创新。

　　六是明确约束，鼓励创新，但同时也要明确规则，这样才能够有效率地进行创新活动。需要在明确约束和给予员工自由之间平衡。

　　七是放弃统一性，人才千差万别，所以不能要求每一个人都遵循一样的规则。让人们选择最适合自己的方式工作会更有效率和创造性。

　　八是创造惯例和象征，惯例和象征会影响我们的潜意识，潜移默化的影响行为。包容超常态原则，为超常型人力资本所有者的自我开发提供环境。

第二节　超常型知识与常规型知识的综合管理

　　超常型知识的组织管理与常规型知识的组织管理通过综合性原则进行，是对超常型人力资本与其他常规型人力资本的统筹管理。

　　在原始颠覆型创新过程中，既有超常型知识拥有者，也有常规型知识拥有者。不同的创新环节，不同的创新阶段，不同的创新层面，需要不同知识拥有者，需要不同的人才，需要不同的专业工种，符合原始颠覆型创新需求的人事管理实际上是各种知识资源的协调、整合，根据原始颠覆型创新流程，进行结构性知识管理需要有整体性、综合性管理。管理者可能是超常型默示知识拥有者，也可能是超常型明示知识的拥有者，但作为管理者从管理职能出发，一定是各种知识资源的整合者：一是如何让原始颠覆型创新者的原始颠覆型创新行为能够及时被认可和传播，被组织内其他人认可，使原始颠覆型创新行为及时起到引领作用，二是如何让常规型知识拥有者能够及时接受超常型知识拥有者新创造的知识，如何让超常型知识能够在组织内部顺利流动，支持原始颠覆型创新的成功。

　　持续增长是企业家和创新者通过试错和创新活动拓展分工网络和知识前沿所带来的红利[①]。那么，长期经济增长的机制，本质上就是产生原始颠覆型创新人力资本的知识能力的外部性对其他常规型人力资本的带动和整合作用，奥秘在于创新性人力资本的外部性。

　　人力资本外部性的经济含义是，原始颠覆型创新人力资本所有者的知识具有个人收益溢出为社会收益的特点，可以整体提升所有人的生产水平和福利水平，最大限度地促进经济增长与社会发展。原始颠覆型创新管理是从超常型默示知识

[①] 刘培林. 发展的机制——企业家和创新者的自我发现. 中国人民大学创新经济论坛演讲稿, 2015.

到超常型明示知识的知识流程管理，尤其需要超常型默示知识拥有者、超常型明示知识拥有者、常规型默示知识拥有者、常规型明示知识拥有者合作，完成直觉突破式创新、解释规划式创新、逻辑推理式创新和推广扩散式创新的整个创新环节，形成原始颠覆型创新的分工合作系统，在坚持包容性时坚持整体性。没有了科学家、企业家等创新者拓展的新知识，大量普通劳动者的人力资本处于低级水平。同样，没有大量普通劳动者的配合，科学家、企业家等创新者拓展的新知识就无法形成最大的正外部性。原始颠覆型创新可以有大量合格的执行者，原始颠覆型创新不仅能够让常规型人力资本获得超常的收益，也可以使常规型人力资本的学习能力提升，得到自我发展，从而增加产出，促进经济增长。超常型人力资本的外部性与常规型人力资本的执行力之间需要找到平衡点，这就是创新型人事管理制度的综合性管理内涵。

综合性管理需要处理与平衡各种类型的人力资本之间，超常型人力资本与常规型人力资本之间天然存在的各种各样的矛盾，拥抱矛盾，与矛盾共存，善于化解矛盾冲突就是创新型人事管理制度的重要任务。不是非黑即白的管理，也不是非此即彼的管理，而是亦此亦彼的灰度管理。虽然原始颠覆型创新从根本上依赖于超常型默示知识拥有者，但是规划团队、策划团队、执行团队、推广团队同样是非常重要的，没有这些团队，创意只能是空想，没有实现的可能。看似矛盾的各种群体其实是互相依赖、互相辅佐、互相合作的，管理者必须看到并协调它们之间的合作与依赖。因为团队本身就是矛盾体。比如，超前的思维与常规型思维在团队中该如何均衡，设计规划者与实践操作者如何合作。如果没有超常型思维的想象力，就没有原始颠覆型创新的起步，就没有"无中生有"的能力，但是只有想象力、批判力、超前的想法，没有把想法具体做出来的执行力，也是不现实的。在原始颠覆型创新人力资本的合作中，要注意结构性平衡，超常型矛盾性原则促进包容，需要研究整体性管理适应外部性，引领其他人力资本的创新活动，如果承认知识的外部性，而前面又建立了知识与人力资本之间的关系，那么，知识的外部性必然经由人力资本的外部性体现出来。从现实中不难观察到这样的现象：一个人的人力资本能够创造多大价值，会受到所有其他人人力资本水平高低的影响，正如俗语所说的"一个好汉三个帮"。这些现象是支持人力资本外部性的证据。

创新性人事管理制度还需要坚持影响力领导原则。创新型人才的领导含义有一个根本的改变，不再是自上而下的指令性领导，将自己的知识直接作为组织的知识框架，而是开放性地以学习的姿态、人格、品行获得下属内心的认可，在被领导者内心认可的基础上产生领导力。原始颠覆型创新的引导不靠职务而靠人格魅力，引导即领导。从国家层面的原始颠覆型创新管理方法上看，政府作为超常型人力资本作用与常规型人力资本作用的主要协调者、主要服务者只需要为原始颠覆型创新主体自我开发创造良好的法治生态环境。那么政府既要懂得超常型知识拥有者的行为条件，提供原始颠覆型创新的场地以及做好场地维护，同时又要善于把超常型人才的原始颠覆型创新普及化，被常规型人才理解并执行，使整个原始颠覆型创新的过程流畅有效。以影响力引导必定是法治型领导，在此领导下，规则透明，尽可能减少人为因素，崇尚简洁，减少程序，减少等级，减少审批，减少干预。政府要与第三方合作，无论是市场的第三方，还是社会的第三方。政府应尽可能多的保障超常型知识拥有者自我开发成功，同时也服务于知识的传导。

建立原始颠覆型创新人事制度的基本原则，目的是把激励年轻人的超常型默示知识作为人事工作的核心。从这个意义上说，人事制度不是管制而是赋权，不是抑制而是助能，是自治基础上的共治。全社会急需形成对从事直觉突破式创新的年轻人群体在原始颠覆型创新过程中的核心作用的共识，以及对年轻人与专家学者形成的超常型知识合作群体在原始颠覆型创新中的关键作用的共识。需要将行政人事制度转型为知识人事制度。为此，必须深化以行政等级为特征的人事制度的改革。

目前以自上而下行政等级为特征的人事管理制度根据常规型知识的特点，将人事管理集权化、统一化、等级化，反映出旧的知识管理模式的弊端。集权化容易使权力拥有者自己的个体知识存量作为知识管理的标准，导致权力拥有者的权力自私和知识自负；统一化容易使常规型知识在行政等级的管理系统中成为主流，而超常型知识则被边缘化；等级化强调的是自上而下的指令，强调管理的规范和稳定，对超常型知识有一种天生的厌恶和抑制。从被管理者的行为方式看，为了在等级体制中获得生存和发展的空间，体制内个人不得已把自己的知识存量和增量调整为符合常规型知识的预设框架，那些不在领导视线之内的超常型知识，尤其是超常型默示知识就可能被压抑和消减，自生自灭。即便是自上而下的行政等级可以在一定程度上发现并容忍超常型默示知识，也由于其层层叠叠的等级决策结构，而使超常型默示知识的认可过程变得滞后和僵化。比如，干部选拔中的论资排辈削弱竞争的公平性；职称评定的等级繁多，致使年轻人晋升难；创新创业的小企业担保难，所以融资难；对新创意、新理论、新技术求全责备，束缚了年轻人的创造性。超常型默示知识内在地存在于年轻人身上，其表现的方式是非规范和非常规的，与行政等级自上而下的谋求的常规化管理相悖。所以以常规型知识为主导的行政等级管理不符合创新经济发展的要求，需要在新的知识认知模式指导下改革，让年轻人的超常型默示知识得到培育和挖掘。由于年轻人的超常型默示知识是无法用语言和文字系统表达的隐性知识，所以，让所有年轻人在一个开放自由的环境放开手脚想事做事，维系公开、公平、公正的竞争局面，通过能力本位的竞争，让拥有超常型默示知识的年轻人不需要关系、背景就能脱颖而出是制度设计的第一环节；对年轻人的失败采取宽容的态度，把年轻人的失败后再创业看成是年轻人超常型默示知识的认识和评价过程，建立失败后的继续创业的扶持机制是制度设计的另一重要环节。管理者不能替代年轻人自己去挖掘自己的知识，只能是引导他们自我发现，放开草根创新；管理者需要有系统地激励年轻人创新失败后的再创业；超常型默示知识的产生和应用是动态竞争的，但又是脆弱稚嫩的，需要管理者维护一个公开、公平的竞争机制。知识人事制度的重要特点是超常型明示知识与超常型默示知识之间的循环关系的建立。激励年轻人的超常型默示知识，不是政府运用行政力量事无巨细地去操作，也不是政府设计一个工程去分配资源。而是要充分发挥专家学者具有的超常型明示知识对年轻人的指导和识别功能，让专家学者充当培育年轻人的主角。各个学科、行业、领域内的专家学者的专业知识和专业技能，表明专家学者在充分掌握常规型明示知识的基础上具有本专业的超常型明示知识，专家学者的超常型明示知识对于处在萌芽期的超常型默示知识有鉴别、发现、培育、引导、扶持、保障的巨大功能。让专家学者成为年轻人超常型默示知识的发现者、培养者、资源配置者是知识人事制度的运行特点。

第六章　原始颠覆型创新与金融制度改革

第一节　人力资本信用为本的担保机制

作为原始颠覆型创新核心资源的超常型默示知识是隐藏在个体身上的知识，因而是模糊和超前的。模糊是指很难用文字和语言系统表达，而需用天赋本能、个性特长、兴趣爱好、激情梦想表达。超前是指很难及时被大众认可，因为大多数人更多地具有常规型知识，所以在超常型默示知识应用初期，其通常不容易及时得到财政或金融的支持。另外，超常型默示知识又是动态式、竞争式，替代非常迅速，可以说是转瞬即逝。如果不能及时得到支持，很快就会被超越，继而退化为常规型知识，使原本可以成为直觉突破式创新源泉，创造巨大经济与社会价值的资源蜕变为一般经济资源，失去原始颠覆型创新的机遇。正因如此，支持原始颠覆型创新的财政金融制度有别于其他一般财政金融制度，如何使超常型默示知识拥有者及时得到财政金融的支持，及时启动实际的原始颠覆性创新行动，就成为原始颠覆型创新财政金融制度的核心内容。以直觉式创新为主的原始颠覆性创新，是以兴趣爱好启动的创新，围绕兴趣爱好进行的资源配置需要货币资本所有者的直觉和眼光。原始颠覆型创新的资源配置是自治型配置主导。自治型配置是指直觉式创新过程中自发存在的人力资本与非人力资本之间的有机组合。这种直觉和眼光的运用实际上改革了传统的以货币资本为本的信用准则，创造了以人力资本为本的信用准则，包括人力资本的品质信用和人力资本的能力信用。人力资本与非人力资本的资源配置着眼点从关注过去的成果转为关注未来的潜能。这种信用准则构成了自治型配置模式的主基调。原始颠覆性创新人力资本从事原始创新，需要尽可能快地获得创新需要的货币资本。传统的金融组织和金融机制很难适应，新型的金融组织便应运而生，新型金融组织服务于原始颠覆性创新，那就是种子基金、天使投资、风险投资等新兴金融组织，这些新兴金融组织对于原始颠覆性创新人力资本的货币需求，采取不同于传统金融的信用担保机制，将传统的货币资本信用担保改变为人力资本信用担保，以便于原始颠覆性创新顺利进行。支持原始颠覆型创新的财政金融制度与一般财政金融制度的区别，在于其创建了以人力资本为本的信用担保机制与人力资本产权，从而实现了超常型默示知识的自治型配置。

首先，以人力资本信用为本的资源配置，突破了以货币资本信用为本的资源配置对直觉突破式创新的阻碍作用。

一是突破了以货币资本为本的信用忽视人力资本潜在创新能力的局限。以货币资本为本的信用看不到社会上有许多能将高风险转化为高收益的创新型人力资本所有者，信用理念是消极片面的。实际上，从积极全面的角度看，高风险的存在也是高收益预期的存在，关键看能不能充分发挥承担高风险、创造高收益的人力资本所有者的潜能，以人力资本为本的信用不是一开始就将重点放在风险发生之后用什么来弥补的思路上，而是放在寻找社会上稀缺的、能将风险转化为收益的人力资本所有者上。用人的能力与品德事先防范风险的发生，并利用高风险创造高效益，所以能够通过自治型配置作用于直觉突破式创新。

二是考虑到人力资本潜在创新能力需要逐步显现的过程。用股票期权的方式将担保抵押在未来的投入产出预期，而不是已有的非人力资本抵押品上，突破了以货币资本为本的信用风险防范效果的不确定。超常型默示知识拥有者往往没有过去的业绩，也没有实物资产可以抵押，如果按照以货币资本为本的信用担保方式，超常型默示知识拥有者就无法获得资金创业，直觉突破式创新的初始发动就非常困难。即便当时能够找到货币担保，当时提供的货币担保的可靠性也会随着时间的变迁而发生变化，因为货币资产的价值随着时间的推移也许增值也许减值，甚至流失，极易产生虚假担保、盲目担保，这对投资于直觉突破式创新的非人力资本所有者构成巨大的财产风险。天使投资家和风险投资家在用直觉眼光鉴别创新型人力资本的信用后，用股票期权的方式将创新型人力资本本身作为抵押品，创造了人力资本未来价值识别的投资预期担保。

三是将以货币资本为本的被动信用转化为以人力资本为本的主动信用。以货币资本为本的信用，加大了人力资本所有者的创业难度，特别是那些没有经营业绩、没有资金担保，但具有创业潜能，能够提供未来创业收益的高质量人力资本所有者贷款难度很高，既造成人力资本创新的被动滞后、社会财富创造源泉的堵塞，也造成整个社会资源的浪费、配置渠道不畅。信用担保不是目的，只是手段，通过担保创造最大社会价值。以人力资本为本的主动信用可以达到这个目的，每一人力资本所有者会被置于信用评估的环境中，他们要想得到社会资源，就需要通过行为自证信用，将自己社会活动过程中关系到诚信与否的行为，通过具体的指标进行随时随地显示。这样一来使每一个人力资本所有者不敢有丝毫懈怠，一生具有保持良好信用记录的内在动力。社会自治型配置模式改革了传统的常规型的信用担保方式：将以物为本的风险防范转变为以人为本的风险防范；将风险的防范从事后移到事前，使风险的发生概率降到最小；同时将投资的重点放在未来价值的创造，而不是过去价值的计算上；从外在压力型信用转化为内在动力型信用。两种担保模式的对比，见表 6-1。

表 6-1 两种担保模式的对比

担保模式	对待风险的态度	担保效果	对人力资本的影响
传统的货币资本作为信用担保	消极对待风险；被动地寻找人力资本	风险防范效果不确定	加大人力资本所有者的创业难度
人力资本本身的信用担保	用人的能力事先防范风险的发生；人力资本主导	着眼于创新的未来价值；股票期权的方式将担保抵押在未来的产出预期	促进了人力资本信用制度的完善

其次，从创新型企业家的创业过程看人力资本本位的信用担保效用：创新型企业家是企业创新的核心，能够因环境变化，运用组织、协调、管理、计划和预测能力，凝聚创业团队达成企业创新目标；创新型企业家是企业创新的动力，具有独特的创业精神、创新精神，能够吸引优秀人才加盟企业，对企业的运作管理模式和企业文化有深远影响。风险投资是对创新型企业家的投资，风险投资领域有一句话"宁愿投资一流的管理团队与二流的经营方案，不愿投资二流的管理团队与一流的经营方案"，著名投资家 Arthur Rock[①]回顾自己的投资生涯时说，"我曾经犯过的所有的错都是因为选错了人，而不是选错了创意"。以美国为例，风险投资培育了乔布斯、马克·扎克伯格、比尔·盖茨等世界性的创新型企业家代表，创办了思科、苹果、谷歌、英特尔等高科技公司，成功引领了世界高新技术企业创新的潮流，使美国成为创新型经济最为活跃的国家。

创新型企业家是一种特殊的人力资本，具有产出的不确定性和信息的不完全性。第一，创新型企业家的产出过程具有主观性。由于人力资本价值的高低要在产出过程中通过评估绩效来确定，绩效取决于人力资本所有者的主观努力程度和外部激励机制，因此具有较强的主观性。第二，创新型企业家的产出成果缺乏计量的客观标准。风险投资大多投资于高新技术领域，人力资本的产出在大多数情况下是无法预测、无法统计的，并且双方所拥有的关于产出成果信息是不对称的，创新型企业家的产出具有更大的不确定性。第三，创新型企业家的产出成果具有不可分离性。人力资本与物质资本在产出过程中相互依存，物质资本是创造财富的必要条件，人力资本是创造财富的源泉；人力资本之间相互依存，很多人共同参与技术、产品的开发，很难从中判断每个人的具体贡献，所以计算创新型企业家的产出时很难把其他要素的贡献剥离出来。因此，传统的金融机构很难为

[①] Arthur Rock 是硅谷风险投资的创始人之一，成立了硅谷第一家风险投资公司，成功投资仙童（Fairchild）、英特尔（Intel）、苹果（Apple）等世界著名的公司。

创新型企业家融资，而风险投资以人力资本本身为投资对象，使人力资本与非人力资本合作，为创新型企业家投入足够资金，成功推动企业创新。

第二节　不同阶段原始颠覆型创新的金融支持

原始颠覆型创新人力资本所有者从事原始颠覆型创新，需要尽可能快地获得创新需要的货币资本。传统的金融组织和金融机制很难适应，所以发展新型金融组织——种子基金、天使投资、风险投资、网络金融、众筹、孵化器等势在必行。新兴金融组织将传统的货币资本信用担保改变为人力资本信用担保，快速满足原始颠覆型创新人力资本所有者的货币需求，以便于原始颠覆型创新顺利进行。

在原始颠覆型创新中的不同阶段，财政金融支持的方式是不一样的，周友刚博士对此的探索具有前沿性。

直觉突破式创新阶段属于创意提出阶段与创意孵化阶段，是超常型默示知识拥有者凭借天赋本能、个性特长、兴趣爱好、激情梦想、创意灵感开始创新的起步阶段。此时超常型知识刚刚萌发与启动，原始颠覆型创新实践者还处在自我开发、自我发现的阶段。超常型默示知识在科技创新过程中发挥着核心作用，这时候需要的财政金融支持形式，在科学研究领域是基础研究基金，基础研究领域主要投资对象是基础科学研究的学术团队。投资基金既有政府基金也有社会公益性科研基金[1]，及时理解原始颠覆型创新人才的自主领衔作用，及时鼓励原始颠覆型创新人才根据经济社会发展的需要，积极开展原始颠覆型创新性研究和自主选题。在人员配备、设备配置、经费使用等方面给予充分的自主权。例如，在物理学中，达·芬奇预言惯性定律，爱因斯坦凭个人直觉发现相对论，数学中欧几里得在长期经验基础上提出很多创造性的定律、假说；在化学中，凯库勒梦见苯的环状结构，班丁梦中发现胰岛素；在经济学中，纳什提出了博弈论；在信息技术中，乔布斯受书法课的启发发明了苹果的输入法等。因此，应适当根据实际情况，增加经费使用灵活性，探索授权高水平创新团队按规定自主支配科研经费，探索顶尖人才自主使用科研经费模式。在一定条件下，还可探索实行经费包干、自主使用的方式。当然，实施领军人才和创新团队自主使用经费模式，也需要配套建立健全信用管理机制。要考虑建立相关配套的制衡机制，如定期报告制度、专家信誉制度、监督制衡制度。

在经济领域，则是种子基金、孵化器、创客空间的资金投入，资金的类别比

---

[1] 周友刚. 论建立支持原始型创新的金融制度. 中国人民大学博士学位论文，2015.

较丰富，既有国家的财政投入，也有社会资金的大量输入。由于超常型默示知识的多样性，包括个人的天赋、敏锐的洞察力、丰富的想象力、善于质疑的习惯、善于坚持的勇气、多元化的认知模式等，使得科技创新具有多样性，天使投资、种子基金等孵化资金是用于科技成果转化阶段的创业①。在科技成果转化过程中，种子基金与天使投资是投资于启动产业创新的年轻创业者中。存在风险共担、在干中识别的特质，如在支持孵化科研领军人才和技术创新团队过程中，是要冒失败风险的，因而培育天使投资型社会资金网络尤其重要，在美国天使投资市场将近 25 万天使投资人中，平均每人每年投资 8 万美元，每年总的投资额将近 200 亿美元，平均投资企业大概在 3 万家，投资规模是机构投资者的 3~5 倍，投资项目数量是机构投资的 20~50 倍，天使投资在美国发展到非常发达的地步。美国的"天使"是什么样的构成呢？美国的"天使"是成功的企业家或者公司的主管，富有的文艺明星、体育明星、医生、律师、会计师等高收入人群。在美国天使投资平均年龄是 47 岁，他们在前半生自己的第一职业阶段把钱赚够了，开始做第二职业，做"天使"。他们年收入平均在 9 万美元，个人的资产为 75 万美元，每年平均的投入相当于自己一年的年收入或者是自己的资产 10%甚至更多。看起来不靠谱的项目和团队，如果给他们机会去做，在战斗中学会战斗和发现战斗，也许就能闯出一片天。好多创业成功者都是如此。所以既依赖于投资机构，也有意识地挖掘个人天使，对于条件不是太好的创业者应该是更明智的选择。从潜在容量来看，个人天使可以支持的项目比机构多得多。

解释规划式创新阶段对金融的需求是风险投资。创意灵感在还没有被社会大众接受之前，开始进行社会化交流，酝酿成立初创企业，金融支持的形式是风险投资。投资的领域分为知识产权的转化阶段和小微企业的成长阶段。比如，硅谷的风险投资又称为创业投资，是风险投资家投入新型的、迅速发展的、有巨大竞争潜力的创新型企业的股权资本。根据资金来源不同，风险投资主要分为机构风险投资、企业风险投资，并且这些风险投资的规模差异很大（表 6-2）：早期的风险投资以富有的个人和大型公司的投资为主，20 世纪 80 年代后，由于退休金和养老金等数额庞大、支付期限长而且面临通货膨胀压力，需要高收益，成为风险投资的最大来源。风险投资最大特点是承担高风险、追求高收益，往往把投资方向定为创造新产品和新市场的高新技术产业。由于高新技术产业具有广阔的市场前景、附加值高，甚至能改变传统生产、生活和思维方式，企业创新的技术、市场、管理、经济风险都相当大，所以高新技术产业的成功率只有 20%左右，而收益却高达 2~3 倍甚至 100 倍以上，与风险投资追求高收益的目标相匹配。

---

　　① 方竹兰. 论硅谷的超常型默示知识管理制度及对中国的启示. 首都师范大学学报（社会科学版），2012，（1）：41-49.

表 6-2　风险投资公司的分类和特征

分类	机构风险投资	天使投资	企业风险投资
资金来源	养老金、退休金等	富有的个人	大型公司
投资动机	高额收益	高额收益/个人价值	公司战略/高额收益
投资方式	详尽调查和调研、大额投资	有限的时间调查和投资	详尽调查和调研、大额投资
法律形式	有限合伙	个人	大型公司的子公司

在当代，科技创新速度加快，使得新科技出现的时间由过去的几十年甚至上百年变为几年或几个月，尤其是信息技术出现以后，科技变革呈现加速趋势，以至于一项新技术刚刚投入使用，其替代技术已经出现，这促使创新型经济发展更加依赖于企业创新。目前，风险投资对企业创新的支持引领了创新型经济发展，硅谷作为世界创新型经济发展最为活跃的地区，获得了大量的风险投资支持，每年的风险投资金额大致为 150 亿美元，占整个加利福尼亚地区风险投资总量的 80%，占美国风险投资总量的 40%左右，正是风险投资支持了硅谷的企业创新活动。

逻辑推理式创新阶段，逻辑推理式创新是指创新型企业家凭借其独特的创新精神进行的价值创造活动，需要的是银行业金融的支持，当然银行业的金融支持也需要财政的间接协调。比如，华为公司在 20 世纪 90 年代发展的关键时刻，是深圳市政府主动动员银行给予华为贷款，同时也适当减免华为的公司所得税，才得以使华为成长起来。在具体产品的生产流程中，企业需要获得充分的固定资金和流动资金。比如，产品的开发、精工细作、标准制定、产学研联盟等，以及以人力资本为本的信用担保制度。对于在逻辑推理式创新阶段大发展的创新企业来说，能够得到银行贷款至关重要。但一面是企业对发展资金的渴求，一面是银行对贷款风险的警惕。为破解这对矛盾，中关村管理委员会支持建立企业信用报告制度，银行根据中关村信用促进会提供的企业信用报告发放无抵押的信用贷款。这一"开全国之先"的创举，一开始却遭受冷遇。起初银行和企业都不认为，一份信用报告能和无抵押贷款画等号。但是截止到 2013 年 1 月底，银行已经给中关村企业发放信用贷款接近 200 亿元，而且没有一例形成坏账。突破从何而来？中关村引入 6 家专业的信用评级机构对企业评级；设立专项资金承担企业办理信用报告一半的费用；成立中关村信用促进会，向企业推广信用政策；对于向企业发放信用贷款的商业银行，提供风险补贴资金。每年对企业进行信用星级评级，按企业信用星级依次补贴贷款利息。企业一旦无法偿还信用贷款，信用会被降级，很难再申请到政策性补贴和信用贷款。这样，一个以企业信用为基础，凝聚信用评级单位、政府、企业、监管部门、金融机构等各方面优势资源，以信用促融资的"中关村科技金融创新联盟"形成。

非常能说明效果的案例是，旋极科技是中关村地区的一家科技型中小企业，为我国载人航天工程提供软件和测试设备。在第一批信用报告办理后，旋极科技的信用评级从 ZC3 提升到 AA 级，公司拿到了 300 万元贷款，不需任何抵押。之后，旋极科技成功上市，旋极目标码测试工具应用于"神舟九号"飞船。但是在起步阶段曾为了筹措 30 万元的货款，创始人不得不拿自己的房产做抵押。

"中关村科技金融创新联盟"联合了金融行业中各具专长且资源互补的多家机构，包括北京信托公司、中关村科技转化平台即中科金集团、中关村政策性担保机构即中关村担保公司，还包括政策性银行和商业银行的代表，如国家开发银行、中国工商银行、华夏银行，具有投行业务优势的券商如国信证券，资产处置专业机构如华融资产管理公司，科技和金融资产的交易平台如北京金融资产交易所和中国技术交易所等十家机构。"中关村科技金融创新联盟"围绕中关村中小企业成长路线图，已在中小企业融资信托创新、设立"中关村瞪羚投资发展基金"、加速新三板扩容并引入做市商制度、支持中关村示范区规模建设等方面开展了切实工作，并将继续发挥联盟各成员在资源、技术、品牌、资金方面的优势，创新合作机制，拓展合作领域，积极开展全方位业务合作，在资产处置与资源管理、科技成果转让、中期票据、短期融资券、知识产权质押、贸易融资、产业链融资等方面进行系列金融服务和金融创新。

事实上，经过多年发展，中关村在科技企业融资方面取得了令人瞩目的成就。据不完全统计，2010~2011 年，中关村园区有 39 家企业先后 41 次实现海外融资 9.9 亿美元，范围涉及电子商务、无线增值、网络应用等多个产业领域。

即便中关村走在全国前列，也远远不能够满足原始颠覆型创新的需要。金融资源分配不均衡的问题在我国仍非常突出，大量企业依旧难以得到资金支持。调查显示，中关村科技企业技术项目资金主要来自企业自身，60%以上的企业是通过"自有资金"和"企业间拆借"进行项目研发的，只有 24.5%的企业是通过金融市场来对项目开发进行融资的。中国证券业协会李兴伟指出，在"满足不同生命周期科技企业融资需求"方面，有着"中国硅谷"之称的中关村，与硅谷还有很大差距。曾先后在硅谷、中关村两地均创业成功的浪淘金科技有限公司 CEO 周杰，对中关村与硅谷的差距感受颇深。他指出，这种差别的根源就是大量为创新企业服务的中介机构。在硅谷，聚集着一批旨在帮助中小企业发展、有政府资助的中介机构，如硅谷国际贸易发展中心、硅谷中小企业孵化中心、硅谷企业家中心等颇有影响力的机构组织。这些中介机构种类庞杂、数量繁多，涵盖了从财务到融资，从法律事务到人力资源的众多领域。中介机构人员通常由硅谷成功的有经验的退休 CEO 组成。他们都曾拥有自己的成功的企业，退休后在中介机构任职，帮助小企业解决在经营、管理、开拓市场中遇到的困难和问题。中介机构所提供的服务内容包括：建立有价值的金融中介信息服务网络平台，以及为企业、银行、中介机构提供信息，使各机构能迅速沟通信息，资源共享①。

推广扩散式创新需要资本市场，推广扩散式创新阶段可以从企业创新到产业创新，会出现企业价值链扩展中的产业创新结构网络，是创新型企业进入成熟期的标志，资本市场支持产业创新，而培育资本市场支持系统，需要完善的资本市场或兼并重组市场，资本市场是政府、企业、个人筹措长期资金的市场，包括长期借贷市场和长期证券市场，在长期借贷市场中，一般指银行体系提供的贷款；在长期证券市场中，一般指股票市场②。通常，根据银行资产和股票市值的比重（表 6-3），将资本市场分为"银行主导型"和"市场主导型"，然而随着经济发展，银行体系发达的国家，股票市场力量在显著增强，如日本、德国、法国通过金融改革，积极推动股票市场发展；股票市场发达的国家，银行体系也在逐渐变革，如美国通过取消和改革对银行体系的管制，正在加强其全能银行趋势。总体上来看，在经济全球化和金融全球化下，各国金融系统的竞争不断加剧，从而它们的差别逐渐缩小，银行体系和股票市场都成为金融系统的重要组成部分。

表 6-3 1993 年世界主要国家银行体系与股票市场的比重 单位：亿美元

国家	GDP	银行资产	银行资产/GDP	股票市值	股票市值/GDP
美国	63 010	33 190	53%	51 360	82%
英国	8 240	21 310	259%	11 520	140%
日本	42 420	63 740	150%	29 990	71%
法国	12 610	19 040	151%	4 570	36%
德国	19 240	29 190	152%	4 640	24%

资料来源：Allen F，Gale D. Comparative Financial Systems：A Survey. Journal of Economics，2001：72

股票市场和银行体系在分散风险、配置资源方面有各自的优势和特点，都曾经创造产业创新的奇迹：第一次工业革命时期，即 18 世纪中叶至 19 世纪中叶，在股票市场的支持下，英国的纺织业、冶金业和铁路业逐渐兴起；第二次工业革命时期，即 1860 年至 1900 年，在银行体系的支持下，德国的炼钢业、电力和化学工业获得重大突破；第三次信息技术革命时期，即 1980 年至今，在股票市场支持下，美国将德国和日本远远地甩在身后。

当然资本市场支持产业创新与银行体系支持产业创新的机制是可以相辅相成

---

① 吴晓求. 大国经济的可持续性与大国金融模式. 中国人民大学学报，2010，（3）：8-13.

② 黄达. 金融学. 北京：中国人民大学出版社，2008.

的，银行体系通过以下方式为产业创新分散风险、提供资金：信息处理机制，银行和企业长期合作能够更多了解产业创新方面的相关信息，从而减少产业创新的逆向选择和道德风险；风险分担机制，通过资产期限转换，向产业创新提供稳定的流动性，进行跨期和跨部门的风险管理；公司治理机制，银行具有信息优势，更好地监督企业的经营管理行为，减少道德风险的发生，尤其是在一国法律体系不完善的情况下，能够促使公司及时偿还债务，支持国家产业创新。而股票市场支持产业创新的机制是：信息发现机制，竞争性的股票市场通过价格波动，能够充分搜集产业创新的相关信息，并将信息传递给投资者；风险分担机制，投资者可以根据风险最小化原则建立资产组合，规避在同一时间上的系统性风险；公司治理机制，投资者容易因交易获取利润，有动力收集公司业绩信息，促进公司治理的改善。

第七章 原始颠覆型创新中的政府作用

政府作为宏观管理主体，并不是原始颠覆型创新的主体，而是原始颠覆型创新制度环境的提供主体，弥补原始颠覆型创新社会效益的外部性与原始颠覆型创新者个人效益之间的失衡，以激发与维护原始颠覆型创新者的内在动能。作为原始颠覆型创新制度环境的提供主体，政府在原始颠覆型创新过程中的作为是多层面、多节点的，但是基本的层面是原始颠覆型创新主体权利环境的提供者，原始颠覆型创新从一般创新者中脱颖而出的关键不是政府的额外关照，政府也不可能克服信息的不确实性事先知道谁是原始颠覆型创新者。政府提供鼓励创新者公平竞争的制度环境最关键，基本的节点是创新起点的跟进规划，创新过程中的资金支持，创新风险的社会保障。

第一节 政府保护所有创新主体的权利

中国从模仿引进型创新进入原始颠覆型创新，创新管理必须依据超常型知识的特点设计，超越目前的管理习惯。目前研究中国的原始颠覆型创新制度，往往是从政府管理方法改变的角度去思考，显然已经不够了。模仿引进型创新阶段我们还可以从政府管理方法的角度考虑，到了原始颠覆型创新阶段，要从管理方法的层面上升到权利关系的层面。这是逆创新成功的关键。原始颠覆型创新依赖的主导型知识是超常型知识，创新主体的自主型开发才能发掘和运用超常型知识。从创新经济的要素构成看，超常型知识的拥有者一般被称为创新型人力资本，但是政府的制度环境提供首先必须是对所有人的。对所有创新主体的权利保护，自然就包含创新型人力资本的所有者的知识被尊重、被保护、被激励，从而决定原始颠覆型创新是否能够产生。创新型人力资本如何能够创新，能够从事创新，如何能够通过创新获得合法利益，能够通过创新获得合法的社会声誉和社会地位，这是激励一个潜在的原始颠覆型创新人力资本所有者从事原始颠覆型创新的背后权利支撑系统，我们必须把这种权利支撑系统寻找出来，有意识地、主动地去建立、完善、扩展、落实。政府需要最大限度地去设计权利系统保护创新，关于创新的权利系统基本包括以下几个方面。

一是创意权：创意权指原始颠覆型创新人力资本所有者凭借个人的天赋特长，追逐自己的兴趣爱好，发挥自己的激情想象，生产创意灵感的权利，包含思想的自由度和思想的生产力。思想的自由度决定创新的高度，思想的生产力决定了科技的生产力和产业的生产力。思想的生产力看起来没有经济价值，但是创新行为来源于创新思维，思想的权利是最本源的创新权利。知识经济社会之所以能够实现工业经济社会所不能企及的社会财富的迅速增长，其根本源泉在于人们对自然规律和社会规律的新认识形成的创新思维。以创新的服务过程和创新的产品最大限度和最快速度地满足人们社会交往和自身全面发展的高层次需要，新型生产和生活方式由此产生。

创意权是指思想在充分自由环境下产生的具有超前探索功能的理念。这些理念的运用或者能够带来社会财富的增进，或者能够推进社会的加速进步。创意权的实现关键在于给出充分发挥想象力的制度环境，给出激励每一个个体想象力的精神氛围，不是让不让想象的问题，而是激励每一个个体尽可能想象，为了鼓励想象，就必须鼓励科学的质疑、科学的批判、科学的辩论、科学的表达。防止压制想象、打击想象、轻视想象、冷淡想象、拖延想象的做法。比如，比尔·盖茨在超大形电子计算机盛行的时候，提出将来每一个家庭都要有小型电子计算机的创意，戴尔的直销模式的创意，王选激光照排的创意等，都是将年轻时的想象变为实践。

二是对话权：对话权是创意权在社会中的实践型权利，对话权包括表达权、解释权、质疑权、辩论权、批判权。表达权是能够将创意权群体化、社会化，被大众认可的权利。解释权是对自己创意的阐释，受到质疑时的进一步说明。质疑权是对对方观点的怀疑权利与质询权利。辩论权是可以直接否定对方，也可以论证自己观点的权利。批判权是指反驳的权利。对话权包括超常型默示知识与超常型默示知识之间，超常型默示知识与超常型明示知识之间，超常型明示知识与常规型知识之间知识的传播权。

三是行为权：指的是在实践中，不受常规惯例的约束，创新者能够将自己的创意转化为创新实践的权利。创意权需要落脚在创为权上。创为权实际上是指创新者在创新实践中的制度环境的宽松问题。创新的思想并不是一提出就能被大众认可的，一开始受到的也许是怀疑、冷落。在创新者提出创新的思想后，社会是否给予创新者及时将创新思想转化为创新行为的权利，是保证创新能否成功的关键一步。在许多情况下，社会并不缺乏能够提出创新思想的人才，但是却缺乏使提出创新思想的人才进行创新实践的制度环境，致使许多创新者空有一腔创新热情，空有满腹的创新经论而无法实现。这无论是对于个人还是对于国家都是严重的人力资本损失。所谓发展落后的国家的落后可能恰恰是在这里，所谓发展先进的国家的先进也恰恰是在这里。牛顿的几乎所有重要发现都受到批评、反对和攻击，有的争论了几百年①。但是他的创造实践可以在有争议的状况下持续进行，逐渐受到社会的肯定。

四是创利权：创新者通过创新活动，能够得到高于社会平均收益的边际创新收益。就创新者个人而言，创新是能带来社会财富的活动，创新也是承担社会风险的活动。创新者的创新需要投入巨大的经济成本与社会成本，只有建立有效的利益激励机制，才能使社会涌现出越来越多的创新者。如果创新者的创新活动在承担了巨大的成本风险后没有回报，所有的创新成本要自己全部承担，那么创新者会畏惧这种结果而不敢创新，所以要鼓励创新，就必须建立全面完善的机制，使每一个创新者在创新成功后的收益，不仅能够偿付成本，而且有超过平均利润率的利润。创新者能够通过科学技术产业化、市场化，获得超过创新投入成本的创新收益，使创新比不创新可以获得更高的经济回报。由此形成良性的社会利益导向，这样一来，将个人利益的追求与社会创新的需要有机地结合在一起，追求创新就会成为社会中的普遍现象，成为人们的日常行为惯性。

就社会产业结构的投资导向看，创新收益超过非创新收益，会吸收社会大量人力资本和货币资本进入创新领域，从质量而不是数量上提升国家的经济实力，避免社会的投机盛行和虚拟经济泡沫，为经济的长远稳定可持续发展提供基础。如果在虚拟经济领域的投机炒作收益高于在实体经济领域的辛苦创造，那么全社会的导向就是踏实创新不如投机，社会的原始颠覆型创新能力是出不来的。创利权决定了社会的产业结构前景。

五是创誉权：创新的社会风气的形成，不仅取决于建立创新利益的激励机制，也取决于建立创新荣誉的奖励制度。通过创新活动不仅能够得到创新收益，而且能够得到社会赞誉，而且比不创新的人更能得到社会赞誉。社会中最有社会地位的人、最能得到社会尊重的人、最被社会赞美的人、最有影响力的人，应该是最具创新力的人。如果一个社会因循守旧、循规蹈矩、不求进取，只求无过的人被重用，而打破常规、开拓创新的人反而被忽视、被压制，社会的创新氛围还是难以形成。仅有利益的激励是不够的，还需要有精神与社会的激励，给予创新者以崇高的社会地位。因此为了我们的社会成为一个创新的社会，为了我们的国家具有持久的国际竞争力，给予创新者以创誉权是绝对必要的。

创新权的五个环节构成创新权的外延，包括民众创新权的基本环节和动态过程。作为一个创新者，只有在权利结构完善的制度环境中才可能创新成功。

---

① 阎康年. 构建世界一流科研机构的主要要素. 科学对社会的影响，2002，（3）：20-24.

这个制度环境从创新者的创意的产生，创意转化为创新的实践，创新实践形成创新成果，依据创新成果得到创新的收益和创新的荣誉。这是一个创新者需要的适合创新的制度环节。从整个社会发展看，这样一个保障创新环节可持续的创新权利结构是导引尽可能多的人创新的制度机制，也是形成一个创新经济社会的制度机制。民众创新权的演化是经济增长方式转变的条件，是生成中国高质量经济财富增长的内在动力。民众创新权也是中国人人格完善发展的必要前提。中国是一个拥有近 14 亿人口的国家，人们习惯性地以为，中国的优势是具有大量低素质劳动力，所以民众需要的是一份能够养家糊口的工作，中国只能发展劳动密集型产业，无法大量发展高新技术产业。这样的判断忽略了一个现象：高素质人口的形成除学校的学历教育以外，更大量的是实践中的干中学的自我教育。创新型人才的创新能力更多来源于其身上先天或后天培养形成的超常型默示知识，天赋、爱好、特长、灵感赋予民众创新权，可以给看起来低素质的劳动者一个成为高素质劳动者的上升通道，最快速度将低素质劳动者提升为高素质劳动者，尽可能减少低素质劳动者。所以赋予民众创新权是中国经济发展的手段，也是民众人格发展的手段。

创新权权利的行使特别要关注年轻人的整个原始创新过程，创新权利的落实目的是原始颠覆型创新的发动，操作到成功，再到推广。年轻人身上的超常型默示知识从流程看，创意权—对话权—行为权—自治权—创利权—创誉权的发动是最重要的，所以创意权最关键，创意权是对超常型知识保护的关键。中国从模仿引进型创新到原始颠覆型创新，关键是创意。天赋本能、个性特长、激情梦想、创意灵感如何发动是关键，原始颠覆型创新是"无中生有"，而不是有中生有，"无中生有"是对于表面上的无的潜在的未来有的直觉、感知和预测。

权利完善的过程当然是保护常规知识产权的过程，但更是保护超常型知识产权运用的过程，超常型默示知识具有高创造性、高价值性，但是其不能用语言和文字系统表达的特点使产权保护比较困难。中国原始颠覆型创新能力的形成当然需要常规型知识，尤其是在逻辑推理式创新和推广扩散式创新阶段，但是在直觉突破式创新和解释规划式创新阶段，尤其需要超常型知识，既需要超常型的默示知识也需要超常型明示知识。原始颠覆型创新人力资本是用超常型默示知识进行想象、探索、实验、开发，用超常型明示知识启迪、引导和总结推广的群体。超常型明示知识与超常型默示知识的紧密结合是原始颠覆型创新的主导知识链条：超常型明示知识的引导—超常型默示知识的试错—超常型明示知识的解释—超常型默示知识的探索—超常型明示知识的总结—超常型默示知识的扩散……，这两种超常型知识的结合主导原始颠覆型创新，当超常型知识逐渐成为常规型知识后，新一轮的超常型知识结合又在竞争中开始，无限循环。为原始颠覆型创新服务的知识产权制度在激励保护各种知识的同时，尤其需要重视保护超常型知识：

对超常型默示知识的产权保护制度内容核心是对年轻人天赋、灵感、兴趣、爱好、激情、探索、想象、创意的产权保护。我们现在对于年轻人天赋、灵感、兴趣、爱好、激情、探索、想象、创意的保护是从管理方法层面进行的，而这恰恰是目前知识产权制度的缺陷，应该把方法层面的管理上升到权利层面的保护。对于年轻人超常型默示知识的保护很大程度上就是对于年轻人人格特征的保护：年轻人的天赋权、灵感权、兴趣权、爱好权、激情权、探索权、想象权、创意权的权利的正当性、合法性、主导性、可操作性的保护。依我之见，正当产业结构转型，经济发展模式转型之际，这种保护比招商引资重要得多。

对于超常型明示知识的保护，主要是对科学家、教育家、学者、企业家专利、著作权、品牌的产权保护。不仅是从国家层面一般性地用专利、著作权、品牌等成果型产权制度来保护，而且是对于原始颠覆型创新人力资本价值的认可，并将其系统地贯穿到整个原始颠覆型创新过程的制度建设中，如在教育科研项目的实施中，在科技成果的转化中，在科研经费的会计制度和审计制度执行中，在国有资产的界定中都首先确认和兑现原始颠覆型创新人力资本的产权，现在的管理制度往往偏重于物质资本和货币资本的价值认定，不仅没有原始颠覆型创新人力资本的价值认定，就是一般的人力资本的价值认定都很弱，因此导致了越是原始颠覆型创新人才，越得不到公正保护的逆淘汰现象，严重损害了中国原始颠覆型创新人力资本的创新积极性。除开宏观层面的产权保护，还有微观层面的保护，如企业层面——当超常型默示知识拥有者将企业创建成功后，企业内部需要在企业股权比例、期权份额、年薪设计、决策权实施、企业收益分配方面，有利于原始颠覆型创新人力资本价值的实现。让人力资本的价值计算比货币资本优先贯穿在企业的产权设计、控制权设计、参与权设计、长期收益权设计、短期收益权设计等财务会计的设计程序中。企业的人力资本投资者应该拥有企业的所有权，这是一个历史趋势。

支持市场主体与社会主体的知识产权维护在创新型默示知识管理中需要确立复合型产权制度：一是从国家层面——对于超常型默示知识通过实践转变为超常型明示知识后，用专利、著作权、品牌等显性产权制度来保护，但是这只是宏观层面的产权保护。二是从企业层面——当超常型默示知识拥有者将企业创建成功后，企业内部需要有人力资本产权制度保护，在企业股权比例上、期权价格上、年薪上、决策权利上体现超常型默示知识的价值，保障超常型默示知识对企业的控制。这是企业制度上的显性产权保护。三是隐性产权保护，所谓隐性产权保护制度是显性制度背后的文化层面上的产权保护——国家给予实践中的超常型默示知识的探索的认可与保护。创业自由、平等竞争、协商讨论、个性表达、包容失败、表达宽松、异见宽容、人事宽厚的文化环境都可以归结为隐性产权制度。它不是要用明确的契约文字保护，而是用氛围、用文化、用社会精神心态保护，形成全社会对创新创业的尊敬感和荣誉感。全社会对创新创业的认可，对个性、激情、兴趣爱好、灵感创意、开拓探索的尊重和支持。从超常型默示隐性制度建设层面上的知识保护，是原始颠覆型创新人力资本制度建设中的软制度建设，按照宪法赋予的权利，给予原始颠覆型创新人力资本想象的自由、创意的自由、批评的自由、创业的自由、组合的自由、交易的自由。允许超常型知识拥有者个性表达、平等竞争、协商讨论、试错实验，创造表达宽松、批评宽容、试错宽厚、人事包容的文化环境。国家层面的保护不仅是在专利、著作、品牌形成后的制度规范，更是在专利、著作、品牌形成之前的超常型知识的隐性的文化层面的激励与保护，如对年轻人的兴趣、爱好、灵感、激情、梦想、创意权利的隐性的软保护，这种保护可能比显性保护和硬保护更重要。

根据知识结构进行权利结构的组合型配置，是中国体制改革深化的重要内容。根据权利拥有者的不同知识类型，区分超常型默示知识所有者的权利和超常型明示知识所有者的权利、常规型知识所有者的权利，实际上权利层次、权利重点、权利环节、权利效用有很大区别。当然这种分类是相对的，超常型默示知识一般是蕴含在年轻人身上的，但是不排除中老年人身上超常型默示知识存在的可能；而超常型默示知识拥有者也可能成为超常型明示知识的拥有者；在超常型默示知识和超常型明示知识拥有者身上，也具有常规型知识，有些超常型知识本身是在常规型知识的学习中逐步产生的；而现在的常规型知识拥有者也有可能成为未来的超常型知识拥有者。这种相对细致的分类是为了中国创新经济从引进模仿向自主创新发展的需要。

对超常型默示知识拥有者的权利着眼于在超常型默示知识的超常应用的自由度上。其权利内容是爱好权、创意权、探险权、合作权、信用权、失败权、反思权、期利权、享誉权。对超常型明示知识拥有者的权利侧重在知识传播的自由度上。超常型明示知识拥有者是专家学者，主体是知识分子。无论他们是对年轻人超常型默示知识实践的总结，还是他们自身理论研究的总结，都已经是用文字和语言系统表达的知识。这种知识能够将创新者与普通大众相连接，特别是实现超常型默示知识对社会常规型知识的引领，将社会结成一张创新网。专家学者的权利内容是思想权、表达权、质疑权、批判权、自治权、对话权、协商权、决策权、传播权、引导权。对常规型知识拥有者的权利侧重在常规型知识应用的平等机会上，具体包括创业权、竞争权、交易权、组织权、保障权、财产权。

在常规型知识权利的基础上研究超常型知识的权利结构，是在基础权利之上的权利侧重和权利细化。国家权利在超常型默示知识和超常型明示知识的应用领域需要适度松散、跟进，在常规型知识领域适度规范、引导，更侧重在保障和服务权利上，自下而上的监控和参与都是必需的。

目前的国民经济管理体系以物质权利和货币权利为核心内容，国家需要建立以知识权利为核心内容的国民经济管理体系。国民经济学怎么样根据知识配置权利，并以知识主导社会经济、政治和文化，是国家治理体系建设的关键问题。

第二节　原始颠覆型创新中的政府公共服务

政府在保护与尊重原始颠覆型创新主体的基本权利的基础上，为保障原始颠覆型创新的顺利进行，在创新过程的一些节点上履行公共服务职能，以弥补超常型知识人才创新行为的正外部性。所谓正外部性是指超常型知识拥有者的直觉突破式创新行为会给社会带来巨大的经济与社会价值，但是创新者个人却不能通过创新成果的市场交易获得合理的回报，个人创新成本要高于创新收益，但社会的消费者却可以以较低的成本享用创新的成果，此即社会效益大于个人效益即创新的正外部性。我们说原始颠覆型创新是年轻人凭借天赋特长、兴趣爱好的创新，是自发的基于个体的创新，这是原始颠覆型创新的源头，而只有在尊重保护原始颠覆型创新源头的基础上，兴趣爱好、激情梦想在为社会进步，为国家安全，为人民健康幸福奋斗时才有持续的动力。政府在原始颠覆型创新过程中行使公共服务职能，就可以用公共财政支持弥补创新型人才的个体收益与社会收益之间的正外部性，从而鼓励越来越多的原始颠覆型创新人才。因此在原始颠覆型创新过程中，政府承担很关键的公共服务职能。但是政府提供的所有公共服务都可以和社会资本合作进行，政府的财政资金支持原始颠覆型创新的方式有基础研究财政资金支持、新型应用技术财政支持、社会保障服务职能。

一、基础研究财政资金支持

在原始颠覆型创新过程中，政府并不直接参与市场主体与社会主体有意愿并有实力承担的研究开发项目或者开发过程。但是在市场与社会主体已经看准或还没有看到的基础研究方向，往往存在风险极高但可能具有突破性贡献，短期内通常没有直接的经济回报，而国家与世界的文明进步需要持续不断地投入的项目。需要政府有必要的耐心，基于国家的长久根本利益支持研究。

政府应该基于科研主体的兴趣爱好、创意灵感重点规划与重点投资。中国的两弹一星、神舟飞船和获得诺贝尔奖的青蒿素项目，都是在科技领域里由政府主导集中精力抓科研规划与重点项目的精彩案例，对整个社会经济的发展带来了良好的推动作用或者激励作用。即便美国基于基础研究的元技术创新主体多元化有大学、科研机构、产学研联盟、企业等多种参与者，但政府在基础研究上的资金承诺和政策支持不可或缺。周友刚博士对政府与社会资本合作的基础研究投资做了清晰总结：以美国科研机构为例，[①]1990~2011 年，在所有对基础研究资助来源的总资助额中，联邦政府的资助份额高达 50%~60%。在政府支持基础研究多元科研投入体系中，每个科研机构都有自己优先支持的领域，形成了多样的科研发展机制，保证了科技创新的高质量。国立卫生研究院是美国医学、生物学的主要资助单位，拥有 27 个独立的研究所和中心，每个都有自己的优先领域，大致有人类基因组计划、蛋白组学研究、脑科学研究，可细分为超分子结构与功能、分子相互作用、药物释放及其动力、超微分析免疫化学等。美国国家科学基金会（National Science Foundation，NSF）是政府支持科技创新的主要机构，每年资助 3 万份课题申请，日常管理课题 2 万多个，主要支持工程科学、数学、环境科学、计算机科学、物理学等基础研究领域，其优先支持的领域主要有四个：环境中的生物复杂性、信息技术研究、纳米科学与工程及知识转化途径。根据美国国家慈善统计中心的统计，至 2008 年底，美国共有企业及个人建立的基金会 11.5 万家，共有资金 5 649.5 亿美元，捐助金额达 467.8 亿美元[②]，普遍支持高风险的跨学科研究和科学前沿研究。例如，20 世纪 30 年代初分子生物学还是刚出现的研究方向时，洛克菲勒基金会敏锐地感觉到了它的价值，从 1932 年至 1959 年投资 2 500 万美元支持芝加哥大学、加利福尼亚州理工学院、斯坦福大学、哈佛大学、哥伦比亚大学等大学的生物系，创立了分子生物学学科，17 位科学家在其资助下获得了诺贝尔奖[③]。

在多元科研投入体系中，每个投入主体各负其责，没有统一的法规和管理模式，因而具有多种多样的科研机构，而且每个科研机构内部的设置也多种多样，从而使得科研机构和科技创新主体都具有自主性。

在多元科研投入体系的支持下，美国拥有种类繁多的科研机构。在美国政府长期、稳定的支持下，美国拥有 700 多个国家实验室，包括国立卫生研究院（National Institutes of Health，NIH）、国立标准技术研究院（National Institute of Standards and Technology，NIST）、劳伦斯伯克利国家实验室（Lawrence Berkeley National Laboratory，LBNL）、橡树岭国家实验室（Oak Ridge National Laboratory，ORNL）、喷气推进实验室（Jet Propulsion Laboratory，JPL）等，这些实验室由政府直接管理或委托私营机构和非营利实体（如大学）管理，它们在卫生科学到核物理学的广泛领域内取得了非常重要的科技创新成果，是美国基础研究的重要组成部分。产业界对基础研究的投入并不显著，主要是为了获取进一步技术和产品开发的知识，但在高度依赖新技术和新工艺的行业，如医药行业、

---

① 周友刚. 论金融对原始型创新的支撑. 中国人民大学博士学位论文，2015.
② 王劲颖. 美国基金会发展现状及管理制度的考察. 中国行政管理，2011，（3）：58-62.
③ 龚旭. 美国私人基金会及其支持科学事业的考察. 自然辩证法通讯，2003，（4）：45-54.

信息技术行业等，产业界的科研机构有很大影响，比较典型的有贝尔实验室，其建立于 1925 年，总部位于纽约，主要进行通信科学的研究，从建立以来取得了50 多项重大科研成果，如有声电影、激光理论、宇宙背景辐射、可视电话、光通信、数字计算机等，对我们的生活产生了重要影响。民间资金支持的非营利科研机构由于其可观的资金规模和独特的管理方式在基础研究领域发挥了独特的作用，以霍华德休斯医学院（Howard Hughes Medical Institute，HHMI）为例，该实验室主要位于与其合作的大学内，通过严格的程序招聘科学家之后，为他们提供慷慨、稳定的财务支持和良好的研究环境，任期一般为 5~7 年，该机构目前共产生 18 名诺贝尔自然科学奖获得者，是基础医学研究领域的泰斗[①]。

　　科研机构具有充分的自主性，可以保证科研人员资金管理的自主权。通常情况下，科研机构设置：实验室主任或院（所）长办公室，直接管理科研机构的全部事务，如项目计划、财政预算、学术交流、法律事务、质量管理、外事活动以及人事、工资等；各种研究室，主要根据科研机构的具体研究任务来具体设置；行政管理部门，负责各研究室的劳动保护、公共事务、财务审计；技术服务部门，负责科研机构对外进行有偿技术服务、科研成果推广等。科研机构的负责人由各个投入主体根据自己的研究需要选择，政府部门的科研机构由政府直接任命或由管理委员会提名由主管部门任命，而产业界和民间基金支持的科研机构则由相应管理机构直接任命，技术服务部门是整个科研机构唯一权威人士，负责科研机构全面工作；其他主管副职、下属实验室管理人由科研机构负责人直接任命，不受外界干扰；科研机构的具体研究内容，则由科研机构负责人邀请有关专家评审后，由科研机构负责人批准实施；科研成果的考核，以检验研究结果为准，其他不便于检验结果的项目，各个投入主体都有项目负责人定期听取研究人员的进展报告，确保项目顺利进行。由此可见，多元科研投入体系很好地保证了科研机构的自主性，科学研究人员可以决定所有重大事项。

　　在多元科研投入体系中，政府、企业、民间基金之间优势互补、互助合作，形成社会性的科技创新系统，比较典型的有：一是产学研合作。创新型人才在由政府、企业、民间等各种科研机构组成的创新系统中互动、反馈，各种观点不断碰撞出火花，创新系统输出的信息更加频繁和顺畅，然后打破原有科技范式，形成新的科学和技术突破。例如，科研人员在科研机构进行科学实验，开发出具有颠覆性却不成熟的科研成果，通过企业的科研机构将这些成果或想法进一步系统化和科学化，将其转化成技术专利、产品。二是国际合作。由一个或几个国家的政府、企业及民间基金会组成国际性的科研机构，主要从事高精尖项目、军事国防任务和超大型的课题，如德国的联邦技术物理研究所（Physikalisch Technische

---

① 根据百度百科相关资料整理而来。

Bundesanstalt，PTB）、英国的国家物理实验室（National Physical Laboratory，NPL）、瑞士的保罗谢勒研究所（Paul Scherrer Institute，PSI）、欧洲核子研究中心（Conseil Européenn Pour La Recherche Nucéaire，CERN），其中 CERN 由 11 个国家组建，成员国 26 个。三是政府与社会的合作。例如，在冷战时期，高能科学、空间物理、寻找外星智能等研究计划都是由美国政府资助的；冷战结束后，政府决定停止对寻找外星智能计划的支持，所以民间基金会开始对寻找外星智能计划给予支持，目前资助经费已经达到 1 500 万美元，比美国航空航天局（National Aeronautics and Space Administration，NASA）给予的还要多，这标志着在大科学领域政府与民间基金的合作开始形成[①]。

多元科研投入体系支持研究型大学的机制：研究型大学的显著特征是集教学与科研于一体，作为明示知识和默示知识转化的平台，主要进行知识传播、知识应用和知识创新，是重大科学和技术突破的源头之一。目前，美国的研究型大学最具有代表性，根据 2013 年美国十所著名研究型大学年度财政报告的统计结果（表 7-1），其经费来源具有多元化特点：前五所大学为著名私立研究型大学，自身投资收益为经费最大来源，普林斯顿大学的投资收益占比高达 76%，同时政府拨款、学费、捐赠收入也是私立研究型大学的主要收入来源；后五所大学为著名公立研究型大学，政府拨款为经费最大来源，北卡罗来纳大学占比高达 60%，但自身投资收益、学费、捐赠收入也是公立大学主要的收入来源；从美国十所研究型大学的经费来源来看，投资收益是经费最主要的来源，而学费、政府拨款、捐赠收入是总经费的重要组成部分。总之，正是多元化投入体系有力地支持了研究型大学的发展。

表 7-1　2013 年美国著名研究型大学经费来源状况

机构名称	总额/美元	学费	政府拨款	捐赠收入	投资收益	其他
Stanford University	4 947 594 000	7%	21%	18%	51%	3%
Yale University	4 560 551 000	4%	12%	9%	57%	18%
Harvard University	6 690 031 000	10%	10%	13%	56%	11%
Princeton University	2 511 433 000	4%	7%	7%	76%	6%
Columbia University	4 322 834 000	19%	18%	15%	22%	26%
University of California-Berkeley	2 190 794 000	29%	45%	9%	3%	14%
University of Michigan-Ann Arbor	3 630 324 000	25%	33%	9%	23%	10%
University of Illinois at Urbana-Champaign	2 428 369 401	28%	33%	8%	1%	30%

---

① Arthur F. SETI and Science Policy：Privatizing "Big Science". http://www.nvgc.vt.edu/sts/gradconf_2002Abstrcts.doc，2002-03-15.

续表

机构名称	总额/美元	学费	政府拨款	捐赠收入	投资收益	其他
University of North Carolina at Chapel Hill	2 208 966 956	16%	60%	9%	9%	6%
University of Wisconsin-Madison	2 545 792 416	16%	39%	23%	1%	21%

资料来源: National Center for Education Satatistics Annual Financial Report. http://nces.ed.gov/ipeds/datacenter/Default.aspx, 2014-06-30

以硅谷为例,斯坦福大学的微电子研究和加利福尼亚州大学伯克利校区的高能物理研究,在第二次世界大战之前就一直得到美国政府的强力支持。硅谷的其他重要研究机构还包括能源部下属的劳伦斯伯克利国家实验室和劳伦斯利佛莫国家实验室。在 2000~2010 年,前者直接催生了 30 多家新创企业。惠普等高科技公司在早期的发家历程中很大程度上受惠于军方研发项目的支持。在太空研究领域,硅谷亦受惠于联邦政府的大力支持。美国著名军火商洛克希德公司的导弹和太空业务部曾经是硅谷最大的雇主。当然,像施乐公司 PARC 那样的企业研发机构也对硅谷创新贡献卓著。离开政府的支持,全民创新和万众创业只能是在流通领域内折腾,不可能在新技术和新产品上对世界有所贡献。

二、新型应用技术财政支持

新型应用技术财政支持就是支持科技成果转化的过程。科技成果,是指通过科学研究与技术开发所产生的具有实用价值的成果。职务科技成果,是指执行研究开发机构、高等院校和企业等单位的工作任务,或者主要是利用上述单位的物质技术条件所完成的科技成果。

科技产业化是指科学家的科技研究成果通过在市场中的应用,形成从企业上下游相衔接的供求关系,在满足消费者的消费需求中实现科技价值链的流动以及科技创新效益的实现。而科技产业化是通过科技成果转化实现的。科技成果转化,是指为实现科技成果的技术与经济价值,提高生产力水平而对科技成果所进行的后续试验、开发、应用、推广直至形成新技术、新工艺、新材料、新产品,发展新产业等活动。

科技成果转化是一项系统工程,传统科研体制的条块分割阻碍了科技成果转化,而政府的制度改革与创新能有效打通科技成果转化链条的各个环节。政府鼓励高校与企业、研究开发机构及其他组织联合建立研究开发平台、技术转移机构或技术创新联盟,共同开展研究开发、成果应用与推广、标准研究与制定。支持高校和地方、企业联合共建实验室和大型仪器设备共享平台,加快推进高校科研设施与仪器在保障本校教学科研基本需求的前提下向其他高校、科研院所、企业、社会研发组织等社会用户开放共享。依托高校建设的国家重点实验室、国家工程实验室、国家工程（技术）研究中心、大型科学仪器中心、分析测试中心等各类研发平台，要按功能定位，建立向企业特别是中小企业有效开放的机制，加大向社会开放的力度，为科技成果转移转化提供服务支撑。科研设施和仪器设备有偿开放的，严格按国家工商价格管理等规定办理，收入、支出纳入学校财务统一管理。符合科技成果转化特点的保险品种，为科技成果转化提供保险服务。

我国科技成果转化困难的原因除开条块分割的体制原因外，很大程度上源于科技成果发明人的个人效益与科技成果转化社会效益之间的利益反差，使转移转化链条不能有效衔接。需要政府在有条件进行科技成果转化的高校院校以及市场化机构中，运用财政资金推动建设一批示范引领性的技术转移机构，在技术、资本、市场、知识产权管理和服务方面发挥更好的作用，保护科技成果发明者的知识产权，培养大量的推广教授、推广研究员、推广经纪人，适度设立国家科技成果转化引导基金，加快设立创业投资子基金，研究启动贷款风险补偿工作。在 20 世纪 80 年代，美国联邦政府曾修改相关的专利和商标法规，使大学可以获取技术专利，即使这些专利所基于的技术研究来自政府的资助。这种政策，使得私人资本可以更加有效地进入技术创新领域，与大学和相关人员合作，加快技术创新商业化的进程。政府慷慨出资助，而又通常不直接参与研究项目，不坚持拥有研究结果的所有权，这是非常值得我们借鉴的。由于政府政策的支持和鼓励，加上知识产权以及相关司法制度的保障，研究者可以比较放心地投身于基础研究的商业化应用，而不用担心"国有资产流失"或者侵吞"集体知识产权"的罪名。中国政府在这方面的借鉴和改进，无疑将极大地刺激高校研发人员的创业激情。如此，中关村、深圳、上海等高新技术产业开发区才能真正成为自主创新示范区。

相比较制度提供，大量的财政补贴是否能够真正补贴原始颠覆型创新者，往往存在不确定性，王琳硕士的分析有独到之处。政府产业投资基金目前从国家层面看，有国家科技成果转化引导基金、国家新兴产业创投引导基金、国家中小企业发展基金等吸引有实力的企业、大型金融机构等社会资本参与，投向国家重点支持领域和行业。从地方层面看，如中关村创业投资引导基金、山东省股权投资引导基金、湖北省长江经济带产业基金等采用参股设立子基金等方式，重点支持省市级经济发展的关键领域。政府的投资补贴制度需要改革[①]。切实转变政府补贴重心从着重补贴企业转向着力建设配套设施，为企业市场获利创造条件，对创新的引导应该考虑市场需求的拉动作用。由于新兴产业处于发展的初期阶段，消费者需求处于较低端水平，加之路径依赖问题对新兴产业产品需求量相对较小，

---

① 王琳. 政府创新补贴下的企业行为研究——基于新能源汽车产业上市公司的经验数据. 中国人民大学硕士学位论文, 2016.

市场存在较为严重的产销脱节现象，因此应该转变政府补贴重点，由供给侧激励转向需求侧引导。引导的着力点在于破除对传统产品的路径依赖，建设新兴产品市场配套，清除新兴产品推广的外部障碍，同时要防范可能的滥用。2009 年新能源汽车启动的 "十城千辆" 工程未能达到预期目标，配套基础设施建设未能满足消费者 "方便快捷" 的需求是原因之一。政府的优势是可以集中力量进行多部门协作和大规模投资从而使新技术迅速转化为生产力，劣势是对技术不熟悉，因此政府应当扬长避短把技术路线的确立交给市场，在推广和市场配套建设上给予企业支持，集中资金优先解决具有外部性的公共设施和服务。政府可以通过政府采购、建立示范园区、对消费者进行补贴等手段让新产品和新技术被更多的消费者了解和接受，激发市场需求。除了这些传统手段外，政府还可以将新兴产业的基础设施建设纳入城市建设发展的总体规划中，以帮助企业加快突破市场瓶颈。同时，逐步探索政府补贴退出机制，激活企业的内在动力从根本上切断政企寻租的源头。政府补贴是企业进行政企关系投资的内在激励，是政企寻租的源头。政府补贴作为促进战略性新兴产业发展的重要手段，重点在于培育初期的引导作用，通过援助之手将产业扶持到正确的轨道上来。但是战略性新兴产业的最终成长还是需要市场来主导，政府既不能无所作为也不能过度干预。随着战略性新兴产业的深入发展需要发挥市场的主导力量，让无形的手推动企业加强技术创新，强化企业群体自我更新、自我淘汰的机制，使其在良性竞争中发展壮大真正做到 "政府引导、市场决定、企业自主"。政府补贴的逐步减少可以依据产业发展状况如技术发展程度和产能状况等相机抉择，并把退出时间表和路线图以合适的方式传达给消费者和生产者，使他们有合理预期，从而避免市场剧烈震荡。对于研发创新产生的外部性问题可以通过强化知识产权保护力度，降低自主创新的维权成本来解决。知识产权保护具有统一标准，便于监管，而且能够惠及整个产业。由于知识产权保护力度对企业寻租行为影响弱且不稳健，相对于政府补贴，采用强知识产权保护不会显著影响到企业的投资行为，这为采取 "强知识产权保护、弱政府补贴" 的措施提供了支持。

即便是原始颠覆型创新需要政府补贴，也要改变政府创新补贴的方式使创新补贴转向技术含量更高的上游关键部件制造的企业，更有针对性地进入企业的生产研发活动中。同时必须提高政府创新补贴发放的透明度，对创新补贴项目金额等在不涉及企业技术机密的情况下有较大程度的公开，这样便于社会第三方事后对创新补贴的发放是否合理进行有效监督。完善科技评价体系，能更好地评估企业创新能力。政府识别企业真实创新类型的能力有限，因此应该更好地借助同行专家评审机制和市场力量，建立评审专家信用制度，更好地发挥风险投资机构作用。从长远来看，市场将是决定新兴产业发展的根本力量。在完善科技评价体系的基础上，政府应该努力推进我国金融体系的改革，完善资本市场，改变当前企业创新活动外部融资难、融资成本高的问题。这样企业能够依靠自身创新能力在市场中更加合理地获得外部融资，更好地适应市场经济的需求。

三、社会保障服务职能

随发展阶段提升相应地精心设计社会安全保障网络和基本公共服务体系，让人们敢于拼力奔跑，无惧摔倒[1]；也让所有愿意踏上竞技场的人都具备起码的上场资格。刘培林教授的研究非常深刻，保障劳动果实的安全性，让包括企业家、创新者和从事标准化劳动的人，都有充分的积极性踏上竞技场。[2]新制度经济学强调，私人收益和社会收益差距最小的制度是好制度。保障劳动果实的安全性，充分保护原始颠覆型创新者的知识产权，当然包括这样的含义。仅这一条尚不足以发挥全社会劳动者的创造潜能[3]。更重要的是，提高社会流动性，让人们能够在竞跑中变换跑道相互学习，成就自我。社会只有保持足够的流动性，其成员才可以自由地在千千万万种已知或未知的机会中试错，寻找能最大限度地发挥自身潜能的机会[4]。设想一个社会所有人通过某种方式配置到现有分工体系各环节后，限制流动，限制转岗转业。这种格局，虽然可以在一定程度上获得边干边学带来的生产率提升效应，但由此带来的损失要大得多：从普通劳动者角度看，难以在现有分工体系内找到最适合自身的位置，边干边学的效应难以充分发挥；从潜在的企业家和创新者角度看，无法自我发现，拓展知识边界。虽然不排除一部分人一开始就遇到最适合的岗位并一直工作下去，但大多数人只有在充分流动的公平竞争过程中，才能在现有知识分工体系内发现最适合自己的位置，或在现有知识分工体系的边缘探索未知世界，发现自我潜能[5]，创建新的知识分工体系。

当然，并非所有人都愿意流动，因为流动总是伴随着风险和不确定性。而某

---

① 刘培林. 分工广化与中国创新力. 中国人民大学创新经济论坛演讲稿，2015.

② 森（Sen）的观点，与本书比较接近。他提出实质自由不仅是发展的手段，也是发展的目标。实现自由意义上的发展，要避免能力剥夺等。不过森并未从人在试错中自我发现的角度，论述自由促进增长的机制。

③ 许多人担忧要素成本上升对竞争力的影响。比如，一个流行说法是，工资水平上升将削弱中国竞争力。笔者认为，这种说法本身虽然不无道理，但这种担忧情绪如果导致对要素成本的人为控制的话，则有百害而无一利。可以这样说，要素成本提高本来就是增长和发展的题中之意，要素回报率提高本身就是要素所有者分享生产率提高成果的自然表现。如果生产率持续提高的同时，要素回报不能相应提高，那么要素所有者将丧失进一步改善配置结构、进一步寻求提升要素生产率的积极性。一定意义上可以这样说：要素成本随着发展水平提高而相应提高，本身就是劳动果实安全性的体现。

④ 刘易斯比较详细地分析了通过保持纵向流动性，为统治集团提供新鲜血液，对于保持统治集团活力的重要性。我们这里分析的流动性的含义更加广泛，除了纵向流动性外，更重要的还有横向流动性，虽然我们不涉及政治家等议题。

⑤ "英国的古典派经济学家在探讨长子继承权的影响时常常得出这样的结论：这种影响是迫使除继承人以外的儿辈们更具冒险精神和更为流动。"参见刘易斯《经济增长理论》（1983，第55页）。

个人不愿意流动，本身实际上就是一种自我发现，表明其愿意在目前岗位上工作下去。而那些愿意在流动中发现自身潜能的人，往往是愿意承担风险、渴望创业和创新、渴望成为企业家、创新者的人。如果一个社会限制流动，或者退一步，虽然不限制但也不能很好地鼓励这种流动，那么，其人口中蕴藏的企业家才能、创新和创业才能就很可能被禁锢，不能充分发挥出来。如果母国不能为人才提供自我发现的制度条件，他们很可能跨国流动。比如，中国科学院的分析表明，我国流失的顶尖人才数量居世界首位，其中科学和工程领域在发达国家的滞留率平均达87%①。

不少人虽然希望在"流动"中发现自身的企业家才能或创新才能，但最终却走向失败，同时也损失了在某个岗位上坚持下去所能够获得的边干边学效应。应当认识到，实践和试错中的失败者，并不应该视为社会包袱，也不应该被置于绝境。他们事实上间接地为社会贡献了知识、经验和教训，这也是社会知识存量的有效组成部分，是一个社会筛选企业家和创新者所必需付出的代价，也是每个劳动者的自我认知、自我探索的成长过程。从拓展知识前沿、创建新的知识体系度看，参与试错的主体数量越多，成功的主体的数量才越多，虽然两者不是线性关系。人们是否愿意承担风险，在实践和试错过程中创业和创新，取决于试错成功的预期概率和预期收益，与试错失败的预期概率和预期收益。社会安全网的保障水平和基本公共服务的水平，实际上是试错失败的预期收益的低限。可以想象，社会保障网的保障水平越高，公共服务水平越高，则试错失败的预期收益就越高，人们也就越倾向于在实践和试错中从事创业与创新活动。

不过，应当认识到，社会保障和基本公共服务水平过高也有不利影响：一方面国家需要征收较高税收，从而会影响创业、创新与投资活动的积极性；另一方面也容易"养懒汉"，导致社会中不愿冒险、安于现状的人躺在社会保障网和公共服务体系之上，享受高福利。上述两种效应构成一个权衡取舍（trade-off），需要设定一个合理的社会保障水平，使得增税收和"养懒汉"的负效应，不超过激发冒险精神、鼓励试错带来的正效应。

社会安全网和基本公共服务还有另一个重要作用。先天能力分布，在代与代之间是相互独立的，父辈具有较高企业家和创新才能的，子辈未必具有同样可比的能力。人们的出生在时间上是继起的，出生时所继承的各种经济社会地位相差悬殊。生于贫困家庭的孩子倘若没有基本公共服务支持，甚至连成为普通劳动者都比较困难。这种情形就是森所说的能力剥夺。

要保障充分激发新出生者的潜能，就必须使每个新出生者都具备时代要求的基本技能。社会保障制度为每个青年的自主学习、自我发展提供社会环境。要保

---

① 乔杉. 我国流失顶尖人才数居世界首位. 人民日报，2013-06-06.

障每个孩子特别是贫困家庭的孩子具备基本人力资本水平，就需要政府通过诸如遗产税、收入税等手段进行转移支付。但是，过高的税率会损害父辈的积极性，进而不利于父辈发挥自身潜能，所以，这里也存在一个权衡取舍，需要设定一个合理的税率，使各代人的潜能发挥所产生的总效应最大化。这是认识遗产税、收入税、公共服务、政府转移支付等制度的新视角。随着人均收入水平提高，一个社会既有必要也有财力相应提高最优保障和基本公共服务水平。

第八章　原始颠覆型创新的文化创新

第一节　中国知识概念的反思和新型
知识概念的构建

　　中国目前总体上处在引进模仿型创新向原始颠覆型创新递进的阶段，很多人认为中国年轻人缺乏超常型默示知识，因而把大量的精力放在吸引海外留学人员回国，以致力于中国的原始颠覆型创新。但是我们却忽视了一个重要的现实，从生命周期的过程看，青少年是超常型默示知识的拥有主体，教育的作用就是激发培育超常型默示知识拥有者成为原始颠覆型创新人才。这么多的青少年到国外留学后，被作为原始颠覆型创新人才引进，同一个年轻人为什么不能在国内培养呢？不是我们自己没有潜在的原始颠覆型创新人才，而是我们并没有把培育超常型默示知识拥有者作为教育的核心内容。这是教育本身的问题，不是青少年本身的问题。如果我们从中国年轻人出国留学的日益低龄化，以及中国大量吸引海外留学人员回国创业的现状来看，中国年轻人中存在着丰富的超常型默示知识，只是这种知识的萌发培育阶段移植到了国外。从国外留学生数量和硅谷中国企业数量两个指标可以证明：根据国际教育协会和美国国务院 2013 年年度报告称，去年有超过 80 万人的国际学生就读于美国大学，而这一最高纪录主要归功于大量中国留学生的涌入。与 2011 年相比，留学生增加了 5.5 万人，即增加了 7%。增加的大部分国际生主要是来自中国的本科生，目前中国已成为美国最大的生源国[①]。英国高等教育统计署发布的数据显示，今年在英的非欧盟学生人数为 310 195 人，比去年增长了 3%，其中中国学生人数最多，增长速度更快（同比增加 5%，

---

① 王盼盼. 美国国际学生人数创新高，中国留学生人数仍居首. http://www.chinanews.com/lxsh/2013/11-12/549012.shtml，2013-11-12.

达 88 000 人）[①]。日本政府公布的数据显示，2014 年在日本就职的海外留学生人数为 12 958 人，与去年相比增加 1311 人，连续 2 年创下历史新高。从在日本就职的海外留学生的来源来看，中国最多，为 8 347 人，其次分别是韩国（1 234 人）、越南（611 人）、尼泊尔（278 人）。[②]

　　虽然我们不能将海外留学生增多作为超常型默示知识外流的唯一衡量标准，但海外留学生尤其是最杰出的海外留学生将国外作为顺利进行创新创业的起点，说明中国超常型默示知识的存量在一定程度上流失到了海外，超常型默示知识存在，却不能充分地应用。中国在一定程度上缺乏超常型默示知识充分应用的制度系统，使很多超常型默示知识拥有者选择到国外去发掘与应用自己潜在的超常型默示知识。中国还没有一个科学的知识治理制度把社会存在的超常型知识全部引导出来、配置起来。在逻辑推理性创新阶段动员一部分超常型知识，尤其是超常型明示知识，大量动用的是常规型知识，适宜直觉突破式创新的超常型默示知识往往被限制甚至被抑制，而这是中国原始颠覆型创新不尽如人意的重要原因。如果中国想要从直觉突破式创新阶段开始进入原始颠覆型创新初始阶段，就必须有适应原始颠覆型创新全流程的制度结构。这种制度结构的建立从认识超常型知识的功能，尤其是超常型默示知识的功能开始。

　　中国之所以缺乏对超常型知识的尊重和应用，与我们的知识观有关。当前，超常型默示知识往往不被看作是知识，因为中国文化中的知识概念是常规型知识的概念。国家需要转变以常规型知识为主导的知识认知模式，确立以超常型默示知识为主导的知识认知模式，建立有利于年轻人创新创业的科学的知识理念系统。什么样的知识算是知识？对中国的精英和大众来说实际上他们并没有认识清楚。从中国人目前的行为方式判断，中国人习以为常的知识概念内容主要是常规型知识，原本是最重要的知识内容的超常型知识，尤其是超常型默示知识往往被忽视。比如，就知识内涵而言，总是注重能够用语言和文字表达的知识，为什么？没有文字和语言表达的知识被认为没有评判标准，靠不住；就知识外延而言，对既定的规制的尊重往往超过对新生事物的认可，为什么？因为既定的规制往往已经被大家长期遵守，成为常规型知识，而新生事物则是未被大众认可的新知识；就知识主体而言，相信老年人超过相信年轻人，为什么？因为老年人的知识一般是可以用语言和文字系统表达的明示知识，而年轻人的知识还不能系统地用语言和文字表达；就知识的载体而言，集体的知识往往凌驾于个体的知识之上，为什么？因为集体的知识是集体内每个成员的共享知识，而共享知识往往是

---

　　① 杨斌. 英国大学海外生中国留学生数占首位，同比增加 5%. http://www.chinanews.com/hr/2015/01-19/6980098.shtml，2015-01-19.

　　② 赵松. 2014 年在日本就职海外留学生创新高，中国大陆留学生最多. http://japan.people.com.cn/n/2015/0818/c35467-27479865.html，2015-08-18.

常规型明示知识，个体知识往往是个人独有的，个人独有的知识不是超常型默示知识，就是常规型默示知识，集体很难分享；就知识的生产方式而言，引经据典往往比超前探索更顺利，为什么？因为可以引经据典的知识一般已经是前人创造的超常型知识，被今人广泛学习后成为常规型的知识，超前探索的知识往往是今人还没有创造的潜在的超常型知识。中国千百年来的历史文化传统潜移默化的知识认知模式，已经使我们在一定程度上忽视了超常型知识的存在。由于超常型知识没有进入中国人的知识框架，所以我们的资源管理、经济管理、政治管理、文化管理、教育管理、科研管理、劳动力管理、干部管理、知识分子管理等，凡是涉及人力资本的管理都相对缺乏对年轻人探索，缺乏对质疑批判意见，对新创意、新理论、新思路的快速判断和吸纳能力，习惯于对常规型知识的灌输和遵循，从而缺乏一套从超常型默示知识到超常型明示知识，然后到常规型知识的动态知识管理流程。所以，中国原始颠覆型创新能力建设的第一步是建立以超常型默示知识为主导的新的知识认知模式。

因此，在建立超常型默示知识的知识观基础上，改变我们习以为常的常规型知识管理系统，建立一套超常型默示知识运用的制度系统，是中国原始颠覆型创新成功的文化前提。中国文化传统对知识概念的认知片面性，使中国知识概念中没有超常型知识的概念，知识概念的残缺导致知识应用的缺陷，使中国人认识不到超常型知识的价值。在知识结构关系中的认识是颠倒的，人们往往把常规型知识放在超常型知识前面。由于没有超常型默示知识的基本认知，所以对超常型默示知识的激励与保护非常缺乏，经济管理被习惯性认为是常规型知识的管理，看不到超常型知识的核心作用。中国社会现实中是存在大量的超常型知识的，经常出现常规型知识压抑超常型知识，把超常型知识强制性带入常规型知识轨道的现象。知识配置与知识应用不当是原始颠覆型创新迟迟没有形成的重要原因。

第二节　在超常型知识认知的基础上，确立人力资本本位概念

西方经济学家对人力资本理论的开拓性贡献是举世公认的，在经济理论发展史上，根据知识经济社会的实践，第一次将资本概念从货币、物资扩展到人，充分肯定了在现实世界，人的知识和能力已经替代土地、货币等成为财富创造的主导要素，并据此从宏观和微观两个层面展开对人力资本的理论分析。宏观层面的分析，围绕国与国之间的竞争是群体人力资本的竞争展开；微观层面的分析，围绕个体人力资本的生成展开。西方经济学家的人力资本概念，为揭示社会经济发

展的主导要素提供了基本理论根据。

　　但是，西方经济学家对人力资本理论的研究与其他研究相比，只能说才处于起步阶段。一方面是因为人力资本理论还未融入西方经济理论的主流，未将其作为整个经济理论大厦的主导要素展开分析，更没有将其定量化、模型化。在现有的西方经济学教科书中，对非人力资本如货币资本的研究是成章成节的，但对人力资本的论述只能说是捎带的。将人力资本放在不如非人力资本重要的地位，是不符合社会的实际和时代发展要求的。人力资本与非人力资本相区别的重要一点是，人力资本是人所具有的特性，非人力资本是物所具有的特性。研究人与研究物必定有不同的内容、方法、目的、层次。如果不揭示出它们之间的区别，人力资本的研究只能说是浅层次的。西方经济学家只是在生产力要素领域，研究人力资本对经济增长的作用，还没有将人力资本与人的特性研究结合起来。通过对人力资本的研究，揭示出人的特性，探讨这一特性对社会经济制度、政治制度和文化制度的内在决定作用，更是西方学者所未涉及的。另一方面是人力资本理论的系统化有待于社会实践的发展经验，从人力资本依附于人，因而研究人力资本就必须研究人、研究人所构成的制度，尤其需要中国改革开放实践的验证，需要中国经济学家运用中国社会制度得天独厚的条件，充实发展人力资本理论，因为中国公有制的劳动者产权逻辑已经从本质上包容了知识经济中人力资本的产权要求。就人力资本从生产力要素层面的研究向生产关系层面的研究深入而言，中国的学者比美国的学者更有社会实践优势。从这个意义上说，中国社会的发展极其需要人力资本的理论营养，而人力资本理论的发展也必定依仗于中国的社会实践。中国的经济学家从人与人之间社会关系的角度开掘人力资本理论研究的新领域，比西方经济学家更可能达到一个较高层次。

　　依我之见，在西方经济学家已有的研究成果基础上，中国学者大致可以从以下几个方面开掘人力资本理论研究的新领域，既用以指导中国改革开放的实践，也致力于为世界人力资本理论的发展做贡献。

一、人力资本内部构成要素

　　研究开掘人力资本内部构成要素的研究，为公有产权制度创新提供理论依据。

　　内部构成要素理论是对人力资本本质内涵的进一步挖掘。人力资本的内部要素可分为人力资本的潜在形态——能力和人力资本的现实形态——努力。人力资本首先是指人身上潜在的能力，这是由不同的社会经济个体对人力资本的投入成本不同而造成的。舒尔茨教授对人力资本理论的贡献，主要是在对人力资本潜在形态——能力的研究上。[①]按照美国著名经济管理学家斯蒂芬·P.罗宾斯的分

---

　　① 舒尔茨 T W. 人力资本投资：教育和研究的作用. 北京:商务印书馆，1990.

析，能力反映了个体在某一工作中完成各种任务的可能性。[①]这是对个体能够做什么的一种现实的评估。一个人的总体能力可以分为两大类：心智能力和体质能力。在对知识和信息进行加工处理、需要人具有创造性的复杂工作中，体质能力固然重要，心智能力则起着更为重要的作用。而对于那些规范化、程序化程度较高的工作而言，体质能力对于工作的成功相对更重要。从知识经济社会对人的素质要求的角度看，显然心智能力的重要性超过体质能力的重要。

人力资本个体除具有潜在形态能力之外，还具有现实形态努力，努力是指在良好的心态条件下，人力资本创造社会财富的自觉度。测定人力资本能力的指标基本上是有形的，如教育投资、教育年限、健康投资和健康状况等。而人力资本的努力往往不是有形的指标能反映的。个人努力既决定于个人能力，也决定于个人能力之外的个人的态度、志向、兴趣、情绪、品格、觉悟等心理因素。现代管理理论认为：对个体努力水平的评价在一定程度上是一种主观判断。

因此，人力资本的能力范畴和人力资本的努力范畴既有联系又有区别。联系之处在于，努力要以一定的能力为基础。没有一定的知识和技能，再努力所做的贡献也是有限的。但是，努力和能力又是有区别的，由于努力更直接地取决于人的道德修养和心理因素，并不完全取决于能力，能力只是努力的必要条件，不是充分条件。因此，有能力者既可以是努力的，也可以是不努力的，甚至是负努力即损人利己的。例如，一个很有能力的企业经营者，可以十分努力地管理和经营，使企业起死回生；也可以十分不努力地得过且过，使企业衰败、破产；甚至负努力，即以权谋私，坑企业肥自己。促使人力资本个体将能力转化为努力的关键，是对经济个体的能力进行科学的测定和评价，还经济个体对个人能力的所有权，提高经济个体努力后所获效用的满意度，从而提高创造社会财富的自觉性。

人力资本个体的内在要素理论使我们认识到建立人力资本产权激励制度的极端重要性。这种激励首先可以促使每一个人对自身人力资本的生产承担责任，自觉地从生理意义上的人向生产人、创造人的方向发展，从弱者向强者转化。建立家庭和个人是人力资本投资的基本单位，健康投资、教育培训和边干边学都是人力资本投资的新理念，在有限的生命周期内尽可能地提升自身的人力资本价值。其次是提高民众创造社会财富的努力度。在传统体制下，我们将人民群众的努力作为公有制经济的当然前提，忽视制度激励，所以平均主义、"大锅饭"盛行，按劳分配得不到贯彻落实，传统公有制经济模式缺乏效率。在向市场经济体制的转轨中，创建科学的公有制模式，探索按劳分配的实现形式，确立人力资本的产权激励制度就迫在眉睫。

---

① 罗宾斯 S P. 管人的真理. 北京：机械工业出版社，2013.

二、人力资本存在形态理论研究

人力资本的存在形态理论研究的开拓，可以为中国集体主义制度创新提供思路。

人力资本的存在形态从财富创造源的角度考察可分为个体和群体。个体人力资本用个体拥有的能力转化为努力创造社会财富，因此获得个人效用。群体人力资本不是脱离个体人力资本的单独存在，而是由人力资本个体集合形成的复合体。从群体人力资本的直接构成看，群体能力结构体现潜在的群体人力资本，能力结构的匹配是群体人力资本形成的基础，现实的群体人力资本则由群体内部的人力资本所有者的努力集合而成。这种群体努力直接由群体内部个体之间的沟通程度决定，是受群体心理能量所支配的无形资产，它取决于群体内大多数人力资本个体的情绪、心态、需求的满足程度，是大多数人力资本个体对群体环境的认同和对自己与社会之间关系、自己与别人之间关系的良好感觉。

群体人力资本不是个体人力资本的简单相加，个体人力资本到群体人力资本的形成过程中产生的协作力，使群体人力资本产生倍增效应，创造的社会财富大大超过每一个体创造财富的极限。这部分群体剩余就是群体的协作力所为。协作力之所以具有独立价值，是因为经济单位内部经济个体之间通过一定的组织结构和信息网络联系起来，由于组织结构和信息网络通畅而产生的一种独特生产力、创造力。因此，群体协作力构成财富创造的独立之源。

群体人力资本是现代知识经济社会最具研究价值的范畴。美国麻省理工学院彼得·圣吉博士通过对 4 000 家企业的研究，提炼总结出一套完整的新型企业管理方法，即以系统思考、自我超越、改善心智模式、共同愿景、团队学习为修炼内容的学习型组织的科研成果，他创造性地总结了将人力资本个体组合成优秀人力资本群体的内在要点，概括出人力资本群体潜能转化为人力资本群体现实努力的内在规律，在一定程度上丰富和发展了求解奥尔森教授个体与群体冲突难题的答案。个体人力资本所有者参与社会生活是通过群体实现的。群体是个体活动的载体，但群体效用并不必然大于个体，其中的关键就是如何生成协作力。如果不能生成协作力，群体效应可能更低于个体效应。

群体人力资本理论的研究，对我们探索发挥中华民族群体效益的制度途径提供了理论工具。中国是一个集体主义文化本位的国家，有着深厚的集体文化遗产，人力资本存在形态理论的运用可以弥补中国现有集体理论的缺陷，使中国的集体主义文化通过创新具有更强的生命力，有利于探索形成中国社会主义集体制度优势的现实途径，使民族的群体协作力产生最大限度的经济效益和社会效益，以适应知识经济时代和国际竞争的需要。

三、人力资本基本特征研究

深化人力资本基本特征的研究，会促使我们更深刻地认识社会人与自然人的本质区别，围绕社会人特性设计我国的制度创新方案，在进一步深化改革开放的问题上形成共识。

人力资本的特征可以从主体和客体两个方面来看，从客体看，人力资本具有以下特征。

（1）伸缩性。人力资本作为资本，与非人力资本之间有共性，即都具有增值性。但是作为人所具有的人力资本，则直接受到人的思想道德、情绪心态、性格兴趣、习惯风俗的支配，具有伸缩性。人既可能将潜在能力转化为现实的努力，主动地促进财富增值；也可能消极地隐藏或减少潜在能力向现实努力的转化量，阻碍财富增值；甚至可能将潜在能力转化为现实的负努力，不仅不增进社会财富，而且侵占社会财富，导致社会财富量的减值。

（2）主动性。人力资本相对于非人力资本，在社会生产和再生产过程中处于主动地位，非人力资本则处于被动地位。人力资本所有者将自身的劳动作用于非人力资本，才创造出社会财富。张五常教授从知识经济的现实出发，以制度经济学家的眼光，明确地提出人力资本是主动产，非人力资本是被动产。而马克思主义的劳动价值论早在工业经济时代就通过科学推理指出，虽然非劳动形态的生产要素和劳动形态的生产要素一样，在价值形成过程中起作用，但是，非劳动形态的生产要素在价值形成过程中，只是转移其旧价值，并不创造新价值，并且只有通过活劳动作用于其上才能实现这种转移。价值创造的源泉只能是劳动者的活劳动。马克思和恩格斯还预见到工业经济社会向知识经济社会转化后，劳动价值论的理论生命力依然存在，他们指出未来社会劳动者的劳动已经不是站在机器旁进行操作，而是进入机器操作甚至是机器制造的源头，运用智力劳动生产智能化的机器，并对机器进行智能化的管理。劳动者的劳动作为社会财富创造源泉的本质，随着社会的发展和时代的变迁日益显现出来。

（3）不可逆性。人力资本所有者所投入的是自己的时间和精力，由于时间的不可逆性，加上计量人力资本投入的技术的不成熟，如果人力资本所有者退出交易，其已经投入的人力资本从时间价值上很难得到完全的补偿，人力资本所有者也不可能重新找回失去的时光。

（4）累积性。人力资本的投入，虽然从时间上看，具有不可逆转性，但其投入的效果却有累积性。在每一段时间内的投入，都会使人力资本所有者的人力资本从量上进行积累、从质上得到提高。而且，人力资本的累积速度会随着质量的提高而加快，呈现递增的趋势。也就是说，人力资本的投入时间越长，投入费用越高，人力资本的累积效应越明显。

（5）外在性。当人力资本被使用时，其具有的知识和创新能力的价值往往不可全部收回，社会也不可能测算出人力资本所有者给社会带来的精确价值。因此，人力资本对社会而言具有正的外在性，即人力资本所有者的社会贡献在个人利益上的体现具有不充分性，给予社会的大于个人所得的。这种外在性还具有宏观效用和长远效用。人力资本所有者创造的社会效用，往往要经过较长的时间和较全面的判断才能看得清楚。

（6）相互依存性。人力资本个体与个体之间的不同专长，使人力资本个体具有片面性。为了弥补片面性的不足，人力资本个体之间具有相互依存性。相互依存使人力资本个体的社会需要得到满足。相互依存性也使人力资本群体功能与人力资本的个体功能具有质与量的根本区别，能够产生个体简单相加所产生不了的协作效率。

人力资本客体具有的上述特征，决定了人力资本主体即人所具有的特征。人力资本主体的基本特征有以下几点。

（1）人力资本所有者的私利性。在市场经济条件下，个体人力资本的形成是个体及其家庭长期投资的结果。个人拥有的人力资本创造的收益中，必然包含了其先期投入的成本，这是人力资本个体收回其投资的依据，因而是个人在为社会创造财富的前提下，获取个人权益的根据。在资源稀缺的经济环境中，个人生存发展的资料只能来源于个人的劳动付出，来源于个体人力资本的创造性。个人利益的存在是不以人的意志为转移的客观需要。如果忽视和否定个人利益，就会否定个人生存发展的权利。社会利益的增进，依赖于每一个人力资本所有者的积极性、创造性，如果个人合理的利益得不到满足，抑制了人力资本个体的积极性、创造性，社会财富之源也就随之被堵塞，最终牺牲的是社会利益。人力资本所有者的私利性的客观存在，是一种合理的现象。能够为社会利益牺牲个人利益的人，更易得到社会的关照。在市场经济环境中，尊重个人利益是建立人与人之间社会关系的基础。

（2）人力资本所有者的有限理性。每一个个体所拥有的人力资本，都是个人某一方面的天赋和个人所受的某一专业的教育形成的，个人凭借自己专有的人力资本，参与社会分工，成为社会中的一员。作为个体，每一人力资本所有者的知识是片面的，能力也是片面的，因而具有有限理性的特征，不可能具有全知全能的能力。在市场经济环境中，认识到个体人力资本所有者的有限理性，才能保障社会个体之间的平等关系。

（3）人力资本所有者的合作性。个体人力资本所有者的有限理性，使个人在获取个人利益的能力上是片面的。个体努力虽然是社会财富的创造之源，但是只有个体将自己片面的人力资本在相互交易中集合成相对全面的人力资本群体，增进社会的利益，才能为个体谋求利益最大化，群体利益是个体利益的依托。另外，只有人力资本个体之间进行互利互惠的合作，一个社会的财富才能最大限度地增进，个体是整体的基础。从人力资本的运作过程看，合作是促进个人利益和群体利益共同增进的有效方式。

（4）人力资本所有者的契约性。个体人力资本之间的合作关系必须建立在契约的基础上。首先，人力资本所有者有平等谈判的权利。平等谈判是为个体人力资本所有者提供表达个人权力和利益要求的交易机会。其次，平等谈判基础上对双方权力、责任、利益界定的一致同意导致契约的产生。再次，契约包括了交易双方履行契约的激励和违背契约的处罚。承认人力资本所有者的契约性，是建立市场经济社会正常的人际关系的前提，是人与人之间信用关系建立的前提，是法治社会取代人治社会的前提。

（5）人力资本所有者的流动性。人力资本所有者在交易中保持自身对人力资本的所有权。为寻求有利的交易条件，会在人力资本市场上流动。人力资本的流动性确保了人力资本所有者在订立人力资本交易契约时进入或退出的自由，对个人而言维护了人力资本所有者的权益。对社会而言，使社会生产资源得到优化配置，使人力资本群体效率得到提高。从这一角度思考，人力资本理论的创始人舒尔茨教授将人力资本的迁移作为人力资本的基本内容之一，是非常科学的。[①]

（6）人力资本所有者的竞争性。在资源稀缺条件下，人力资本个人效用的实现程度是不同的，按照市场经济的优胜劣汰规则，符合社会需求并对社会财富的创造做出较多努力的人力资本所有者能够分得较多的财富蛋糕；而不符合社会需求、对社会财富的创造努力不多甚至负努力的人力资本所有者则会分得较少的财富蛋糕，甚至被淘汰出局。竞争是甄别人力资本质量的最好方法，也是实现人力资本所有权的有效机制。一个社会如果没有以人力资本为本位的竞争机制，就会产生许多不利于社会财富增长的负竞争机制，如亲情本位、关系本位、出身等级、政治特权等。以能力本位竞争替代关系本位竞争，符合人力资本所有者的基本特性，是中国制度创新的重要课题。

从尽快建立中国社会财富创造的良好制度环境出发，我们可以拓宽现有人力资本概念的外延。可以将人力资本分为经济型人力资本、政治型人力资本、文化型人力资本。经济型人力资本是指从事财富创造活动的人力资本。政治型人力资本是指从事政治活动的人力资本。文化型人力资本是指从事文化活动的人力资本。之所以提出政治型人力资本和文化型人力资本的概念，是想建立一个大国民财富观。经济活动是直接创造财富的活动，政治活动是保障财富创造秩序的活动，文化活动则是财富创造主体心理素质塑造的活动。而且，政治活动、文化活动本身都有一个经济成本和产出效益的比较。这一比较的基础是从事活动的人所

---

① 舒尔茨 T W. 人力资本投资：教育和研究的作用. 北京:商务印书馆，1990.

具有的人力资本的生产效率。各个领域的社会任务不同，但各个领域却有一个共同点，就是都要凭借本领域的人力资本的高质量，尽可能地降低本领域的运作成本，提高本领域的运作效率。同时各个不同领域的运作效率还会对其他领域的运作效率产生重大的影响，从而影响社会财富的增进。

充分尊重科技创新规律，坚持以人为本，充分体现科研创新中人的智力价值。把握科研活动规律，最重要一条就是要以人为本，为科研人员的工作创造宽松的环境，充分发挥科研人员的主观积极性和创新创造激情。人力资本是体现于劳动者身上智力、知识和技能的总和，是资本的一种形态，是推动社会进步的决定性因素。科研投入从传统的"以物（活动）为本"转到"以人为本"，充分体现"以人为本"的理念和精神，通过科研经费绩效支出增加人力资本补偿，建立健全绩效支出管理机制，提高相关单位和科研人员承担国家科研任务的积极性。

第三节　原始颠覆型创新需要中国人的人格现代化

原始颠覆型创新与模仿引进型创新的重要区别是，前者往往是创新性人力资本凭借天赋本能、个性特长、兴趣爱好、激情梦想进行的创新，而后者往往是个人或企业为利益最大化进行的创新。两种创新的格局不同，两种创新的主体人格也是不一样的。中国要进行原始颠覆型创新，需要中国人的人格现代化建设，首先是树立原始型创新的人格特质：从单纯的金钱至上的经济目标中超脱出来。超越金钱改造世界，让世界更美好的责任，具有全球、全人类视野，人格现代化是中国现代化之根本。

中国经济发展的根本目的是人的发展。中国自1978年启动的改革开放至今已历经40多年，它极大地推进了中国现代化的进程。但目前对于中国现代化目标的理解存在一定程度的偏差。最大的问题是更注重从人们的物质生活改善的程度，并从人们使用的技术器物的角度理解现代化，忽视了人本身的人格现代化以及人格现代化所需的制度现代化。而这种忽视很有可能使我们现代化建设的质量不高甚至虚假，不能从根本上提升我国在国际竞争中的核心竞争力，不能引领世界潮流。如果是这样的话，一代又一代中国人梦想的建设现代化强国，实现中华民族伟大复兴的理想仍然没有真正实现。从中国现代化的历史使命看，我们必须深刻地认识中国现代化之根本是人格现代化。

中国经济发展的目标不是物，而是人，是中国人的人格现代化。所谓中国人的人格现代化，是指中国人在传统体制向现代体制的转轨过程中，逐步由传统人格向现代人格转变，逐步达到现代化所需要的新人的素质水平。依我之见，大致可归纳为：从自卑依附型向自主独立型转变、从消极服从型向积极创造型转变、从私情人治型向契约法治型转变、从内耗避责型向诚信守责型转变、从保守封闭型向开拓创新型转变、从盲从冲动型向科学理性型转变。

从自卑依附型向自主独立型转变。随着中央高度集权的传统计划体制向社会适度分权的现代市场体制的转轨，中国人逐步从总是依赖政府、依赖单位，甚至倚靠关系、依靠权势的自卑依附的人格心态中解脱出来。以充分的自信，勇于成为一个自主独立的创业者，凭借自己的知识能力，参与社会的竞争，追求自己的个人利益最大化，同时增进社会利益的增长。这既是中国人人格现代化的前提，也是中国人人格现代化的标志。自主独立型的人格特征是否具有，并不以每一个人是否都成为成功者为判断标准，即便是失败者，只要具有自主独立的特性，也是具有现代化人格特征的。

从消极服从型向积极创造型转变。随着传统计划体制的组织结构由封闭型的纵向行政管制向开放型的横向社会联合转轨，中国人逐步从消极地、被动地服从行政等级指令的行为惯性中解脱出来。作为一个自主独立的创业者，积极地、主动地寻找志同道合的合作者，结成各种横向联合体，共同创业。从计划体制中的被动服从人向市场体制中的主动创造人转变。

从私情人治型向契约法治型转变。随着民众自组织的联合体的扩展，管理效率的要求逐步提高，民众必然对中国人习以为常的人治型管理习惯进行反思。中国人重感情，讲关系的家族式管理在创业的初期有一定功效。但是随着事业的发展，人情关系式的人治会成为制度障碍，必然要求创业者学习用契约法律进行管理，从情理法排序到法理情排序，将使中国人的人格从私情人治型向契约法治型转变。具有自主独立型人格特征的创业者，在创业过程中的行为惯性将逐步地弱化拉关系、走后门、找靠山，逐步地强化依照法律规范，参与平等竞争，学会协商谈判，用契约规则既保护自己也约束自己，既制约对方也尊重对方。

从内耗避责型向诚信守责型转变。从传统体制向现代体制转轨的过程中，承担权利的同时必然也要承担相应的责任，有了责任不仅能增强人的自信心，更能够逐步培育诚信的心理态势，诚信制度的建设也就有了社会基础，诚信守责会逐步成为中国人的人格特征。

从保守封闭型向创新开放型转变。传统集权体制的运行所需要的人首先是听话、守规矩、让上级领导满意。这种用人标准致使人保守封闭有余、创新开放不足。现代市场经济体制是一个动态的、开放的系统，追求社会财富增长与提高企业效率的动机必然牵引不断打破常规的创新行为，从而形成市场体制的用人标准是，凭能力本位竞争，给每一个人力资本所有者以同等的建功立业机会，至于是否能抓住机会，必须靠自身的素质。与市场经济体制相适应的民主政治体制为保障市场经济中创新行为的成功，用法律规范给予每一个主体以自主创新的政治预期。体制的用人标准的变化对于人的素质变化是有直接作用的，中国人在传统体制中的保守封闭型特征，自然向创新开放型转变。

从盲从冲动型向科学理性型转变。传统集权体制不承认市场经济与商品经济，行政指令性计划经济与赶超型重工业的扭曲性结合，使中国的工业化偏离了科学技术尤其是现代信息技术的理性轨道，而没有科学理性支撑的经济运行方式培养出的人也必定缺乏科学理性。而中国目前正在进行的从计划经济体制向市场经济体制的转轨，是伴随着中国主动适应知识经济要求，追赶世界信息技术革命浪潮，以信息化带动工业化、实现新型工业化同时进行的。简而言之，目前中国的制度创新与科技创新同步。与科技创新同步的制度创新与过去的制度创新的不同之处，在于科学技术创新所需要的科学求真理性会自然地渗透到制度创新的实践中，弥补中国传统文化中科学求真文化的不足，从而使制度创新的实践也成为培育中国人科学理性的实践，当代中国人一定会在中国人发展的历史上，真正成为开始具有科学理性的一代人。

从现代化的最终目标看，人格现代化是中国现代化的根本目的，经济现代化所追求的物质文明、政治现代化所追求的政治文明、文化现代化所追求的精神文明、国防现代化所追求的军事文明、科技现代化所追求的科学文明，最终都要在人格现代化上体现出来，都要在中国人的现代化素质中体现出来。抽象掉人的现代化素质，所谓经济现代化、政治现代化、文化现代化、国防现代化、科技现代化都成了一个空壳，缺少真实的生命载体，也就是一种名不符实的现代化。从中国现代化的历史教训看：中国现代化的进程或曲折或停滞，甚至千辛万苦迈开的现代化步伐会在一瞬间大倒退，如中日甲午战争中中方的战败对洋务运动的打击，"文化大革命"对经济的破坏，究其原因之一，就是我们在理解中国现代化的根本目标上，对于人的现代化在整个现代化目标中的地位，对于从经济现代化、政治现代化、文化现代化、国防现代化、科技现代化的一般现代化规律认识得并不是很清楚，往往将技术器物的现代化等同于现代化内容的重点或全部，缺乏以人为本的现代化观。

人格现代化不仅是中国现代化的根本目标，也是中国现代化实现的必要前提。世界现代化的历史经验告诉我们，人格现代化虽然贯穿于各个局部现代化如经济现代化、政治现代化、文化现代化、国防现代化、科技现代化等各个局部现代化的本质内容中，但是首先包含在文化现代化，尤其是人的理念现代化中。人的理念的现代化构成其他局部现代化的必要前提。从中国改革开放的经验也可以充分证明这一点。如果没有十一届三中全会确立的"解放思想，实事求是"的思想路线的重新确立，就没有对"两个凡是"的批判，就没有以邓小平为代表的党的第二代领导集体的形成，也就不可能及时地肯定与推广安徽农民创造的联产承包责任制，就没有波澜壮阔的中国经济体制改革实践，也就没有中国今天的发展成就。对于中国这样一个有着悠久历史与文化传统的国家来说，新理念的确立是一切改革开放的至关重要的前提。所以，我们不仅要充分认识到中国人的人格现代化是中国现代化的根本目标，在实现各个现代化具体目标的时候始终以人的现代化为根本宗旨，而且还要在实现各个具体的现代化目标时，以中国人的人格现代化作为各个具体现代化的推动力，重点着力于人的观念的变革、思想的更新、理念的进步、精神世界的发展。

提出人格现代化既是中国现代化的根本目标，同时又是中国现代化的必要前提。它绝不仅仅是一个理论认识的问题，而是当前中国现代化事业如何进一步健康发展的实践问题。从 1999 年开始的科学技术创新是中国从引进模仿向创造自主品牌升华的历史新阶段。从科技创新引申出的理论创新、制度创新、社会创新等全面创新的要求，对于中国人的人格的发展、精神理念的创新提出越来越高、越来越紧迫的要求。当今世界是一个全球化、信息化的时代，国与国之间的竞争，从直观现象看，是高新技术产业的竞争，但是高新技术产业竞争的背后是管理制度的竞争，而不同的管理制度的形成背后往往受不同的文化理念的支撑，所以知识经济时代的今天，国与国之间的竞争本质上是文化理念的竞争，具有不同文化理念的人力资本的竞争，人的创新素质的竞争。中国要想在激烈的国际竞争中占有一席之地，建成社会主义的现代化强国，实现中华民族的伟大复兴，不仅要力求实现各种具体的现代化指标，力求实现各种局部的现代化，更应关注各种具体的现代化指标背后的隐性指标、各种局部现代化体现的综合特征，那就是人的现代化、人的理念的现代化、人的精神结构的现代化。

大众创业、万众创新也是通过民众经济权利演化，为民众提供现代化人格生长的土壤。中国人的人格现代化发展，有一个从经济人格现代化向政治人格现代化和文化人格现代化的层级递进和阶段递进过程。经济人格现代化是政治人格现代化和文化人格现代化的基础。而民众经济权利的演化非常关键：既是民众人格现代化的土壤，又是民众文化权力和政治权力演化的台阶。这是根据中国的现代化与中国从传统计划经济体制向现代市场体制转轨的历程同步的历史现实得出的判断。传统体制最大的弊端是对民众权利的抑制，而中国人的人格发展最大的障碍是缺乏权利，而民众权利的演化正是民众人格发展这棵大树生长的土壤。

民众创业权的演化是民众生成积极创造型人格的土壤。在传统计划经济体制中，民众消极服从型的人格特征源于民众没有创业的自由，一生被单位、被地域、被户口所束缚。而现代市场经济体制中的每一个民众都有自食其力有所作为的自由，民众不因自己的社会地位或能力高低而消极对待人生，消极地服从社会的安排，或接受社会的施舍，而是作为创造者积极地为社会创造财富，同时改善自己的生活状态。这样一种积极创造型的人格特征形成的前提是民众具有创业的自由——民众具有创业权。

民众创新权演化是民众生成开拓创新型人格的土壤。在传统计划经济体制中，民众只能接受自上而下的指令，没有机会表达自己的个性、梦想和创意，被动接受指令的民众的人格特性不仅变得消极而且保守，不敢也不愿突破常规。现代市场经济体制中的每一个民众不仅具有积极的人生态度，而且具有超越常规实现梦想的能力，能够将自己的天赋、特长、兴趣、灵感付诸实践，这样一种开拓创新型人格特征实现的前提是民众具有创新的自由——民众具有创新权。

民众竞争权的演化是生成自主独立型人格特征的土壤。在传统计划经济体制中，每一个个人自身对自己能力的评价没有话语权，而现代市场经济体制为每一个民众参与市场竞争提供自由，激励他们用参与市场的公平竞争证明自己的能力，在民众竞争权的应用中从自卑依附型人格向自主独立型人格转变。

民众交易权演化是生成契约法治型人格特征的土壤。中国传统文化的很大特点是人情文化，但人情文化形成的土壤是集权体制。没有对话协商谈判机会的民众只能是私情人治型人格特征。从私情人治型人格向契约法治型人格转变，只能依赖于现代市场经济运行中的交易谈判、协商对话、契约合同生活的习惯养成。民众交易权的演化正是将民众私情人治型人格特征转变为契约法治型人格特征的途径。

民众财产权演化是民众从内耗避责型人格向诚信守责型人格转变的依托。在传统体制中的民众没有财产，没有权利，也就没有责任意识，在对上负责的制度文化中，隐性地形成了内耗避责的人格特征，内耗避责是在体制内的生存和升迁之道。在现代市场经济体制中的人们有了财产，既有了私人财产权，又有了公共财产权。私人财产权需要民众自己承担获得和维护财产的责任，否则无法使私人财产安全和增值；公共财产权需要民众诚实守信，否则无法获得公共财产的分享和保障。所以民众财产权使民众生成诚信守责型人格特征。

民众组织权演化是民众从盲从冲动型人格向科学理性型人格转变的依托。在传统计划经济体制环境中，个人的意见表达、利益诉求、社会见解、参与愿望往往被压抑，个人与行政组织的沟通在自上而下的等级中无法顺畅。现代市场经济体制的组织结构是横向网络型，民众可以通过对话增进信任、谈判解决冲突、合作互相学习、竞争博取双赢，个人的权利得到释放，利益得到实现，人格也得到完善，从盲从冲动型人格特征转向科学理性型人格特征。

民众经济权利的演化促成民众现代人格特征的形成构成中国经济体制改革的实质。中国经济体制改革的内容错综复杂，但是只要我们抓住民众经济权利这一主线，我们就能抓住中国经济体制改革的实质。也只有抓住这一实质，中国的经济体制改革才能真正成功。

　　民众经济权利的演化促成民众现代人格特征形成的意义不仅在于决定了中国经济体制改革的实质，而且对于政治体制改革与文化体制改革也具有重要深远的价值。中国政治体制改革与文化体制改革只能在经济体制改革基本成功的基础上进行。

　　中国文化的演化必然是：科学文化补人文文化，权利文化补义务文化，个体文化补群体文化，契约文化补伦理文化，改良进化文化补革命文化，宪政文化补人治文化，知识文化补权势文化，自治文化补国家文化，只有新的生产生活方式才能促生新文化因子，促进中国文化创新，中国文化的新生文化反省是不可避免的历史过程。文化的反省是用历史曲折来积累的，文化的反省是渐进的，从认识文化缺陷到认识文化优势的反省，是真正有效的反省。人民是文化反省和文化创新的主体，也在文化反省中成长。

　　从文化层面思考创新本质是真正的人本型创新。从文化层面创新才是真正能够引领世界潮流的创新，从文化层面创新才是真正振兴中华民族的创新经济制度改革的新高度，富不是目的。政治制度改革的新高度，政绩不是目的。教育制度改革的新高度，升学率不是目的。新闻制度改革的新高度，发行量和收视率不是目的。

　　我国经济正在经历传统产业结构向现代产业结构的转型，明显存在着巨大的提升原始颠覆型创新能力的制度潜力和改革红利。只要我们及早重视原始颠覆型创新人力资本的制度建设，培育越来越多的原始颠覆型创新人力资本，用越来越完善的制度激励原始颠覆型创新人力资本从事原始颠覆型创新，我们就可以极大地缩短我国科学技术与世界先进水平的差距，实现中国产业结构的升级和经济发展模式的转型。因为与我国主要行业技术水平与世界先进水平相差20~30年相伴随的是这样一种历史启示："在科学与技术发展中，存在着知识水平与体制水平之间的互动关系[1]。先进的体制水平可以缩小在知识水平上存在的差距，体制水平拉了知识水平的后腿。"中国近现代科学技术的历程已提供了例证，在20世纪初，中国科技在知识水平上与世界先进水平相比大约落后300年，而主要由于采用了西方的科技、教育方式，当时在体制水平上大约仅落后50年。正是由于这个体制原因，中国把知识水平上几百年的差距很快缩短为几十年。

　　同理，在信息化、全球化发展的今天，只要制度体制改革到位，就能极大地缩短中国科学技术与世界先进水平的差距，极大地缩小产业发展与世界先进水平的差距。中国科学技术发展和产业发展的历史已经证明了这一点，中国科学技术和产业的进一步发展更能证明这一点。进行原始颠覆型创新人力资本的制度建设

---

① 白春礼. 时代呼唤中国青年肩负起科技创新的重任. 中国科技月报，1999，（6）：5-7.

是其中关键的一步。

　　中国从传统粗放型经济发展模式向现代集约型经济发展模式转换，从传统工业经济上升为现代知识经济，跟进当前世界的第六次科技革命和第三次产业革命新潮，当务之急是如何开辟人们以兴趣爱好为起点的直觉突破式创新体制空间，而不是一味在现有行政体制内强化计划项目的逻辑推理式创新。很显然，从尊重和保护人们的兴趣爱好出发开掘原始颠覆型创新的潜能，也是深化中国下一步的体制改革的根本动力，本身蕴藏着丰厚的制度红利，中国的科技创新本身就是制度创新的根本动力。

参 考 文 献

波兰尼 M. 2000. 个人知识. 徐泽民译. 贵阳：贵州人民出版社.

波特 M. 1997. 竞争优势. 陈小悦译. 北京：华夏出版社.

波特 M. 2002. 国家竞争优势. 李明轩，邱如美译. 北京：华夏出版社.

曹新明. 2016. 知识产权法学. 第 3 版. 北京：中国人民大学出版社.

曹亚雄. 2003. 知识经济与马克思主义劳动价值论. 北京：中国社会科学出版社.

陈悦，倪浩，陶柏. 2004. 企业并购中的讨价还价博弈模型. 统计与决策，（3）：28-29.

邓彦，李华军，吴明珠. 2011. 产学研模式下创新型人力资本价值评估研究. 财会通讯，
　　（26）：41-42.

董小英，周佳利. 2014. 信息时代的创新与管理. 北京：北京大学出版社.

范柏乃，来熊翔. 2005. 中国教育投资对经济增长贡献率研究. 浙江大学学报（人文社会科学
　　版），（4）：52-59.

方竹兰. 1997. 重建劳动者个人所有制论. 上海：上海三联书店.

方竹兰. 2001. 人力资本与中国创新之路. 北京：经济科学出版社.

方竹兰. 2017. 方竹兰自选集. 北京：中国人民大学出版社.

方竹兰，于畅. 2017. 论中国原始型创新的流程及治理机制. 首都师范大学学报（社会科学
　　版），（4）：38-49.

高桥浩. 1987. 怎样进行创造性思维. 北京：科学普及出版社.

吉登斯 A. 2016. 社会的构成. 李康，李猛译. 北京：中国人民大学出版社.

郭秀娟. 2015. 科技成果转化中的知识产权保护问题. 科学中国人，（3）：21-28.

国家统计局，科学技术部，财政部. 2014-10-23. 2013 年全国科技经费投入公报. http://www.stats.
　　gov.cn/tjsj/tjgb/rdpcgb/qgkjjftrtjgb/201410/t20141023_628330.html628330.html.

哈蒙 P. 2012. 创新者的大脑. 莫漠译. 福州：福建教育出版社.

何传启. 2001. 分配革命——按贡献分配（第二次现代化前沿 II）. 北京：经济管理出版社.

何传启. 2010. 现代化科学：国家发达的科学原理. 北京：科学出版社.

何炼成. 1984. 价值学说史. 西安：陕西人民出版社.

贺化. 2013. 专利与产业发展系列研究报告. 北京：知识产权出版社.

胡虎，赵敏，宁振波. 2016. 三体智能革命. 北京：机械工业出版社.

黄顺基. 1997. 走向知识经济时代. 北京：中国人民大学出版社.

黄卫伟. 2016. 以奋斗者为本. 北京：中信出版社.

卡茨 B M. 2017. 创新生态密码. 杨慧丹译. 北京：中信出版社.

克雷纳 S，狄洛夫 D. 2017. 创新的本质. 李月，徐雅楠，李佳胥译. 北京：中国人民大学出版社.

孔宪香. 2009. 创新型人力资本分类研究科技管理研究. 科技管理研究，（7）：335-337.

李嘉图. 2009. 政治经济学及赋税原理. 北京：光明日报出版社.

凌志军. 2007. 中国的新革命. 北京：新华出版社.

刘道玉. 2007. 中国高校功能定位刻不容缓. 高教探索，（1）：5-7.

刘易斯. 1988. 发展计划. 北京：北京经济学院出版社.

刘智勇，张纬. 2010. 创新型人力资本与技术进步理论与实证. 科技进步与对策，（1）：138-142.

鲁品越，桂微. 2010. 创新型劳动的价值创造模型——对庞巴维克挑战的当代回应. 经济学家，（3）：5-11.

罗雪尔. 1981. 历史方法的国民经济学讲义大纲. 北京：商务印书馆.

吕汉阳. 2016. PPP 模式全流程知道与案例分析. 北京：中国法制出版社.

马化腾. 2015. 互联网+国家战略行动路线图. 北京：中信出版社.

马克思. 1975. 资本论（第 1 卷）. 郭大力，王亚南译. 北京：人民出版社.

帕普克. 2001. 知识、自由与秩序. 冯兴元译. 北京：中国社会科学出版社.

萨缪尔森，诺德豪斯. 1996. 经济学（第 14 版上）. 胡代光等译. 北京：首都经济贸易大学出版社.

施密特，罗森博格，伊戈尔. 2015. 重新定义公司. 靳婷婷译. 北京：中信出版社.

斯蒂格利茨. 1997. 经济学. 姚开建等译. 北京：中国人民大学出版社.

宋承先. 1972. 增长经济学. 北京：人民出版社.

腾讯研究院，中国信通院互联网法律研究中心. 2017. 人工智能. 北京：中国人民大学出版社.

田涛，吴春波. 2016. 下一个倒下的会不会是华为. 北京：中兴出版社.

王淑滨，田也壮. 2008. 高等教育价值创造的效应分析. 哈尔滨工业大学学报（社会科学版），（3）：161-166.

王勋铭. 1997. 深圳市建立现代企业制度的实践与探索. 深圳：海天出版社.

王义秋，王琳. 2004. 企业并购定价的博弈分析. 东北大学学报（自然科学版），（6）：586-589.

王月欣. 2008. 关于知识产权的定价信号博弈问题. 理论探索，（4）：81-83.

威廉斯 C 等. 2014. 管理创新案例集. 戚依南编译. 北京：北京大学出版社.

吴汉东. 2006. 中国知识产权的国际战略选择与国内战略安排. 今日中国论坛，（11）：52-53.

吴庆海，王宝名，宫元年. 2017. 知识实践的秘密. 北京：世界知识出版社.

吴晓波. 2017. 腾讯传（1998—2016）. 杭州：浙江大学出版社.

肖军，刘倩. 2009. 知识产权的价值向度与制度构建. 求索，（8）：133-135.

熊彼特. 1979. 资本主义、社会主义和民主. 绛枫译. 北京：商务印书馆.

熊彼特. 1990. 经济发展理论. 何畏，易家详译. 北京：商务印书馆.

野中郁次郎. 2006. 创新的本质. 林忠鹏，谢群等. 北京：知识产权出版社.

野中郁次郎，竹内弘高. 2006. 创造知识的企业. 李萌，高飞译. 北京：知识产权出版社.

伊格曼 D. 2012. 隐藏的自我. 唐璐译. 长沙：湖南科学技术出版社.

尹卫东，董小英，胡燕妮，等. 2018. 中关村模式. 北京：北京大学出版社.

余晨. 2015. 看见未来. 杭州：浙江大学出版社.

俞国良. 1996. 创造力心理学. 杭州：浙江人民出版社.

远德玉，丁云龙. 2000. 科学技术发展简史. 沈阳：东北大学出版社.

张鼎琨. 1999. 头脑强人. 北京：中信出版社.

张凤，何传启. 2002. 创新的内涵、外延和经济学意义. 世界科技研究与发展，（3）：55-62.

张静，王宏伟. 2007. 我国知识资本生产特征及其对经济增长的影响. 科学学研究，（8）：
1156-1166.

张尚毅. 2016. 人均知识分布、制度本质与经济增长的逻辑. 重庆大学学报（社会科学版），
（3）：23-28.

张维迎. 2014. 博弈论与信息经济学. 上海：上海人民出版社.

张耀辉，牛卫平，韩波勇. 2008. 技术领先战略与技术创新价值. 中国工业经济，（11）：
56-65.

赵艳春. 2009. 论创新型劳动在价值创造中的作用. 经济研究导刊，（8）：11-12.

郑文范. 1999. 论科技型企业以知为本的发展模式. 中国软科学，（3）：83-85.

郑文范. 2005. 科技价值论. 沈阳：东北大学出版社.

朱晓俊. 2005. 教育劳动是创造价值的生产性劳动——与魏彩霞、屈炳祥同志商榷. 江西师范大
学学报（哲学社会科学版），（4）：7-11.

竹内弘高，野中郁次郎. 2006. 知识创造的螺旋：知识管理理论与案例的研究. 李萌译. 北京：
知识产权出版社.

Charan R. 2004. Profitable Growth Is Everyone's Business：10 Tools You Can Use Monday Morning.
Danvers：Crown Publishing Group.

Cholle F P. 2012. The Intuitive Compass. SanFrancisco：JOSSEY-BASS Wily Imprint.

Christensen C. 1997. The Innovator's Dilemma：When New Technologies Cause Great Firms to Fail.
Boston：Harvard Business Review Press.

Christensen C M，Raynor M E. 2013. The Innovator's Solution：Creating and Sustaining Successful
Growth. Boston：Harvard Business Review Press.

Christensen C M, Gregersen H B, Dyer J. 2011. The Innovator's DNA: Mastering the Five Skills of Disruptive Innovators. Boston: Harvard Business Review Press.

Coleman J S. 1988. Social capital in the creation of human capital. American Journal of Sociology Supplement, 94: 95-120.

Compton R A, Wagner T. 2015. Creating Innovators: The Making of Young People Who Will Change the World. New York: Scribner.

Franklin D. 2017. Megatech: Technology in 2050. London: The Economist March.

Harari Y N. 2011. Homo Deus: A Brief History of Tomorrow. New York: Harper.

Karier T. 2015. Intellectual Capital: Forty Years of the Nobel Prize in Economics. Cambridge: Cambridge University Press.

Katz B M, Maeda J. 2015. Make It New-The History of Silicon Valley Design. Cambridge: MIT Press.

Kurzweil R. 2012. How to Create a Mind: The Secret of Human Thought Revealed. New York: Viking.

Lambert C L. 2015. Shadow Work: The Unpaid, Unseen Jobs That Fill Your Day. Berkeley: Counterpoint.

McAdams D. 2014. Game-Changer: Game Theory and the Art of Transforming Strategic Situations. New York: WW Norton & Co.

Putnam R D. 1993. Making Democracy Work: Civic Traditions in Modern Italy Princeton New Jeirse. Princeton: Princeton University Press.

Rifkin J. 2011. The Third Industrial Revolution: How Lateral Power is Transforming Energy. New York: Palgrave Macmillan.

Rifkin J. 2014. The Zero Marginal Cost Society: The Internet of Things, the Collaborative Common. New York: Palgrave Macmillan.

Schlutz T W. 1968. Institutions and the rising economic value of man. Journal of Agricultural Economy, 50 (5): 1113-1122.

Sen A. 2004. Rationality and Freedom. Boston: Harvard University Press.

Sen A, Drèze J. 2015. An Uncertain Glory: India and Its Contradictions. Princeton: Princeton University Press.

Taylor T. 2012. The Instant Economist: Everything You Need to Know About How The Economy Works. New York: Penguin Putnam Inc.

Thiel P, Masters B. 2014. Zero to One: Notes on Startups, or How to Build the Future 2014. Danvers: Crown Business.

Tvede L. 2014. Creative Society: How the Future Can be Won. New York: LID Publishing.

Wolf F A. 1989. Taking the Quantum Leap：The New Physics for Nonscientists. New York：Harper Collins Publishers Inc.

Zohar D. 2016. The Quantum Leader A Revolution in Business Thinking and Practice. Amherst：Prometheus Books.